V&R

FLUCHTaspekte

Geflüchtete Menschen psychosozial
unterstützen und begleiten

Herausgegeben von

Maximiliane Brandmaier
Barbara Bräutigam
Silke Birgitta Gahleitner
Dorothea Zimmermann

Albert Scherr / Karin Scherschel

Wer ist ein Flüchtling?

Grundlagen einer Soziologie
der Zwangsmigration

Vandenhoeck & Ruprecht

Bibliografische Information der Deutschen Nationalbibliothek:
Die Deutsche Nationalbibliothek verzeichnet diese Publikation in der
Deutschen Nationalbibliografie; detaillierte bibliografische Daten sind
im Internet über https://dnb.de abrufbar.

Umschlagabbildung: Nadine Scherer

Satz und Layout: SchwabScantechnik, Göttingen
Druck und Bindung: ⊕ Hubert & Co. BuchPartner, Göttingen
Printed in the EU

Vandenhoeck & Ruprecht Verlage | www.vandenhoeck-ruprecht-verlage.com

ISSN 2625-6436
ISBN 978-3-525-40484-3

Inhalt

Geleitwort der Reihenherausgeberinnen

»Denn alles hängt davon ab, wer überhaupt als Mitmensch gilt ...« – die Soziolog*innen Albert Scherr und Karin Scherschel zitieren in ihren grundlegenden Ausführungen zu einer Soziologie der Zwangsmigration den amerikanischen Philosophen Richard Rorty und lassen keinen Zweifel daran, dass sich bei aller Differenzierung und Abwägung unterschiedlicher Positionen das Spannungsverhältnis zwischen einer auf universalen Menschenrechten basierenden Haltung und nationalstaatlichen Interessen wohl momentan nicht auflösen lassen wird. Das Buch beginnt nach einführenden Vorbemerkungen und einem Gesamtüberblick mit einer Konturierung des Forschungsfeldes, in der die Autor*innen, die beide Mitglieder sowohl des DFG-Netzwerks »Grundlagen der Flüchtlingsforschung« waren, als auch des multi-disziplinären Netzwerks Fluchtforschung sind, eindrücklich darlegen, dass die soziologische Forschung nach wie vor überwiegend Nationalstaaten oder Nationalgesellschaften als ihre grundlegenden Analyseeinheiten betrachtet. Der Terminus der Zwangsmigration wird als umstrittenes Konstrukt beschrieben, das dennoch unverzichtbar ist, wenn grundlegende Menschenrechte im Heimatland nicht gewährleistet sind. Im dritten Kapitel werden Fluchtmigrationen im Spannungsfeld globaler Dynamiken und nationaler Partikularinteressen sowie der Begriff der »Citizenship« erläutert; dabei wird insbesondere die enge Verquickung zwischen Migrationsprozessen und der Entwicklung eines modernen, globalisierten Kapitalismus herausgearbeitet. Schließlich widmen sich Albert Scherr und

Karin Scherschel ihrer Kernfrage: Wer ist ein Flüchtling? Bei der Beantwortung dieser Frage wird deutlich, dass zum einen nach der Genfer Flüchtlingskonvention und anderen völkerrechtlichen Konventionen an einem sehr begrenzten Flüchtlingsbegriff festgehalten wird, der einen großen Teil globaler Zwangsmigrant*innen ausschließt, und zum anderen die Anerkennung des Flüchtlingsstatus nicht nach einheitlichen, transparenten juristischen, sondern nach politisch motivierten Kriterien vonstattengeht. Abschließend umreißen die Autor*innen »Zwangsmigration und Flucht als ein gesellschaftspolitisches Konfliktfeld, das dadurch gekennzeichnet ist, dass die Frage, wer ein Recht auf Aufnahme und Schutz haben soll, Gegenstand gesellschaftspolitischer Auseinandersetzungen ist« (S. 79). Albert Scherr und Karin Scherschel haben mit dem vorliegenden Band eine klare und sehr eindringliche Analyse erstellt, wie wir uns individuell und als Gesellschaft mit den beschriebenen Spannungsfeldern auseinandersetzen und dass wir uns in ihnen positionieren müssen. Wir wünschen Ihnen viel Freude bei dieser aufschlussreichen Lektüre!

Barbara Bräutigam
Maximiliane Brandmaier
Dorothea Zimmermann
Silke Birgitta Gahleitner

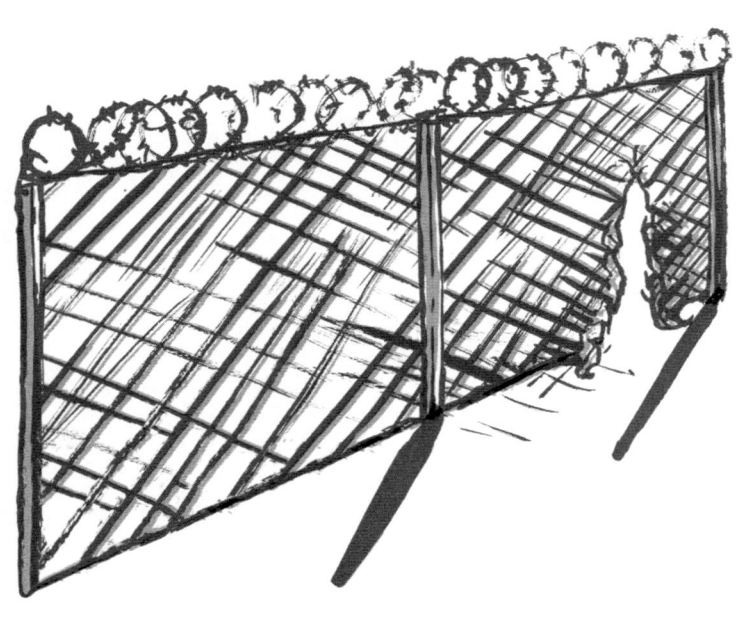

1 Vorbemerkungen

Die Aufnahme und Integration, aber zunehmend auch die Abschreckung und Abwehr von Flüchtlingen sind seit einigen Jahren zentrale Themen der internationalen, europäischen und auch der deutschen Politik. Zunehmend dominant ist dabei in den Ländern des globalen Nordens eine Sichtweise, die unkontrollierte Einwanderung als Bedrohung, nicht zuletzt als Gefährdung von Wohlstand und Sicherheit in den Blick rückt. In der Folge werden die Erfordernisse und Möglichkeiten der Steuerung und Begrenzung durch Grenzsicherung, rechtliche Verschärfungen und die Steigerung der Zahl der erzwungenen Ausreisen akzentuiert. Gleichzeitig wird jedoch ökonomisch auf die Notwendigkeit von weiterer Arbeitskräftemigration hingewiesen, die durch politische Maßnahmen angeregt und reguliert werden soll.

Eine Politik, die im Kern auf die bedarfsorientierte Anwerbung von Arbeitsmigrant*innen bei gleichzeitiger Verhinderung unerwünschter Migration zielt, provoziert Kritik. Dabei wird normativ, vor allem in einer menschenrechtlichen Perspektive, argumentiert, dass es unzulässig sei, Menschen an Aus- und Einwanderung zu hindern, die sich aus unterschiedlichen Gründen – wie Bedrohung durch Kriege und Bürgerkriege, politische Verfolgung, aber auch Armut und Perspektivlosigkeit – gezwungen sehen, ihr Herkunftsland zu verlassen. Die Frage nach dem angemessenen und zulässigen Umgang mit Zwangsmigrant*innen und Flüchtlingen ist dabei eingebettet in eine generelle gesellschaftliche Auseinandersetzung über die Vor- und Nachteile von Globalisierungsdyna-

miken sowie die Bedeutung von Menschenrechten für
das Selbstverständnis nationalstaatlich verfasster Gesellschaften. Debatten über Migration sind dabei vielfach
durch Vereinfachungen, Stereotype und Emotionalisie-
rung geprägt. Sie sind ein diskursiver Schauplatz, an dem
Ängste vor den vermeintlichen oder tatsächlichen Gefah-
ren einer zentral durch ökonomische Motive angetriebe-
nen Globalisierungsdynamik projektiv artikuliert werden.
Darauf hat insbesondere Zygmunt Bauman (1998, 2005,
2008) wiederkehrend hingewiesen:

»Flüchtlinge und Einwanderer, die von ›weit her‹ kommen, sich jedoch in der Nachbarschaft niederlassen wollen, eignen sich vorzüglich für die Rolle der Strohpuppe,
die als Symbol für das Schreckensgespenst der ›globalen
Marktkräfte‹ verbrannt wird […]« (Bauman, 2005, S. 94).

In diesem Buch soll es dezidiert nicht darum gehen,
unsere politischen und normativen Positionen in diesem
Konfliktfeld darzulegen und zu begründen. Vielmehr ist
die Zielsetzung dieser Veröffentlichung, Grundlagen einer
soziologischen Betrachtung von Zwangsmigration und
Flucht darzustellen. D. h.: Es geht hier darum, gesellschaftliche Bedingungen in den Blick zu nehmen, die zu Flucht
und Zwangsmigration führen, sowie die gesellschaftlichen
Verhältnisse zu analysieren, in denen sich diese vollziehen
und die den Rahmen bilden, in dem die darauf bezogenen
politischen Auseinandersetzungen situiert sind. Normative Bewertungen und Forderungen, die diesbezüglich von
unterschiedlichen Akteur*innen vorgenommen werden,
sind in dieser Perspektive ein Gegenstand unserer soziologischen Analyse.

Im Sinne einer ersten Annäherung an die Thematik
lässt sich feststellen: Migration war und ist immer schon
ein Bestandteil der historischen und gegenwärtigen Dynamiken, die unter dem Begriff Globalisierung zusammengefasst werden. Dies betrifft unterschiedliche Formen wie

u. a. die Migration im Kontext der Kolonialisierung außereuropäischer Länder, die Vertreibung von Minderheiten, die Flucht vor Kriegen und Bürgerkriegen sowie vor politischer Verfolgung, den Menschenhandel mit männlichen und weiblichen Arbeitssklaven sowie Zwangsprostituierten und nicht zuletzt auch aus ökonomischen Gründen herbeigeführte Arbeitskräftemigration. Potenzielle Zielländer unterscheiden dabei zwischen mehr oder weniger erwünschten oder unerwünschten Formen der Zuwanderung, insbesondere aus wirtschaftlichen und politischen Gründen. Mit dieser Differenzierung korrespondieren politische Versuche der Migrationssteuerung durch Anreize oder Restriktionen.

Fragt man nach den Ursachen und Gründen von Migration, dann wird in einem durchaus instruktiven und einflussreichen – aber allzu vereinfachenden – Denkmodell zwischen unterschiedlichen Push- und Pull-Faktoren (Druck- und Sog-Faktoren) und im Zusammenhang damit zwischen einer mehr oder weniger freiwilligen oder erzwungenen Migration unterschieden. Dies geht mit der Annahme einher, dass durch starke Push-Faktoren bedingte Zwangsmigration weiter zunehmen wird, da es global sehr viele Menschen gibt, die aufgrund der gravierenden Unterschiede der Lebensbedingungen zwischen den Staaten und Regionen der Weltgesellschaft veranlasst sind, ihre Lebensbedingungen durch Migration zu verbessern. In den einschlägigen öffentlichen Debatten, die in dramatisierender Weise kommende »Zuwanderungswellen« als eine Bedrohung darstellen, wird jedoch immer wieder übersehen, dass die Möglichkeit der Migration keineswegs für alle erreichbar ist, die gute Gründe hätten, ihr Herkunftsland zu verlassen: Migration, und dies gilt in besonderer Weise für interkontinentale Migration, ist voraussetzungsvoll; sie erfordert nicht zuletzt ökonomische Ressourcen, Ablösungsprozesse aus den bisherigen

Lebenszusammenhängen und eine erhebliche Handlungsfähigkeit der Migrant*innen in Bezug auf den Migrations-
prozess und die Neuorientierung im Zielland. Soziologisch
ist also nicht nur zu klären, was mögliche Ursachen und
Gründe von Zwangsmigration und Flucht sind, sondern
auch, unter welchen Bedingungen Menschen in der Lage
und daran interessiert sind, diese Option zu realisieren.

Noch vor jeder genaueren Betrachtung ist deshalb
festzustellen, dass neben den Ungleichheiten der Lebensbedingungen (insbesondere Unterschiede der ökonomischen und ökologischen Situation, der politischen Ordnung und der Rechtsordnung) auch die Mobilitätschancen
(u. a. Vorhandensein und Kosten von Transportmitteln)
die Entstehung und den Verlauf von Migrationsbewegungen beeinflussen. So sind beispielsweise durch die Ausweitung des Flugverkehrs erhebliche Mobilitätserleichterun-
gen geschaffen worden; genau aus diesem Grund sind aber
die Flughäfen auch Orte einer rigiden Kontrolle, durch
die als illegal etikettierte Migration verhindert werden
soll. Dass etwa in einem Land wie Kanada nur so wenige
Zwangsmigrant*innen ankommen, ist auch dadurch bedingt, dass die Seewege dorthin erheblich schwerer zu be-
wältigen sind als das Mittelmeer und zugleich der Land-
weg voraussetzt, die USA zu durchqueren, ohne dabei von
den Migrationsbehörden aufgegriffen zu werden.

Im vorliegenden Zusammenhang sind auch die normativen und rechtlichen Dimensionen von Migration von entscheidender Bedeutung: Seit der Ernennung eines Hohen
Kommissars für Flüchtlinge durch den Völkerbund 1921,
der Allgemeinen Erklärung der Menschenrechte (AEMR)
1948 und der Verabschiedung der Konvention über den
internationalen Status der Flüchtlinge 1993 hat die Überzeugung international an Einfluss gewonnen, dass Staaten
nicht berechtigt sind, allein auf der Grundlage eigener ökonomischer und politischer Interessen über die Aufnahme

oder Ablehnung von Migrant*innen zu entscheiden. Artikel 14 der Allgemeinen Erklärung der Menschenrechte deklariert das Recht, »in anderen Ländern vor Verfolgung Asyl zu suchen und zu genießen« (AEMR Art. 14, Abs. 1), was jedoch keine einklagbaren individuellen Rechtsansprüche begründet. Mit der Genfer Flüchtlingskonvention wurde völkerrechtlich ein darüber hinausgehender Anspruch auf Aufnahme und Schutz für diejenigen verankert, die als Flüchtlinge gelten. Auf die einschlägigen rechtlichen Regelungen und darauf, was als Verfolgung oder verfolgungsgleicher Tatbestand gilt, werden wir in Kapitel 4 eingehen. Entscheidend ist hier zunächst nur, dass damit eine normative Begrenzung staatlicher Souveränität eingefordert und zum Teil auch in rechtlich einklagbarer Weise verankert wird. Dies ist folgenreich: Wie zwischen Asylsuchenden und Flüchtlingen einerseits, sonstigen Migrant*innen andererseits unterschieden wird, ist deshalb von erheblicher gesellschaftspolitischer Bedeutung. Denn diejenigen, die als Asylsuchende oder Flüchtlinge betrachtet werden, können ein Recht beanspruchen, nicht nur ihr Herkunftsland zu verlassen, sondern auch in anderen Staaten Aufnahme und Schutz zu beantragen.

Für die Soziologie der Flucht- und Zwangsmigration ist es von entscheidender Wichtigkeit, analytische Distanz zu solchen gesellschaftlichen Festlegungen einzunehmen. Soziologie kann die geltenden politischen und rechtlichen Klassifikationen der eigenen Forschung nicht als unhinterfragbare Ausgangspunkte zugrunde legen, sondern muss diese als voraussetzungsvolle und folgenreiche gesellschaftliche Festlegungen in den Blick nehmen. Definitionen der Asylpolitik und des Flüchtlingsbegriffs sind wirkungsmächtige soziale Tatsachen, deren Entstehung, Funktionen und deren soziale, politische sowie ökonomische Konsequenzen soziologisch zu analysieren sind. Deshalb genügt es nicht, allein die gesellschaftlichen Ursachen,

Regulierungen und Folgen von Migrationsbewegungen zu betrachten. Vielmehr ist es klärungsbedürftig, warum und wie zwischen sogenannter freiwilliger Migration sowie Flucht und Zwangsmigration unterschieden wird und welche Auswirkungen diese migrationspolitischen Selektionen haben. Wir nehmen in diesem Buch deshalb die Perspektive einer reflexiven Soziologie ein, die gesellschaftlich wirkungsmächtige Klassifikationen nicht als gegebene Tatsachen voraussetzt, sondern als ein soziologisch erklärungsbedürftiges Phänomen versteht.

Zum Aufbau des Buches: Wir betrachten zunächst im zweiten Kapitel die Entwicklung des Forschungsfeldes Flucht- und Zwangsmigration und ordnen dieses in den Kontext der Migrationsforschung ein. Daran anschließend skizzieren wir im dritten Kapitel zentrale Aspekte einer gesellschaftstheoretischen Betrachtung, die Zwangsmigration im Kontext globaler Ungleichheiten diskutiert. Vor diesem Hintergrund wird im vierten Kapitel näher darauf eingegangen, was die Flüchtlingskategorie als politisch und rechtlich folgenreiche Festlegung kennzeichnet. Auf dieser Grundlage nehmen wir dann im fünften Kapitel Flucht als gesellschaftspolitisches Konfliktfeld in den Blick und befassen uns mit den Abwehrhaltungen und Solidaritätsbewegungen im Kontext von Flucht und Zwangsmigration.

Zur Terminologie: Wir verwenden den Begriff Zwangsmigration im Folgenden als eine übergreifende Kategorie, die Fluchtmigration als einen spezifischen Fall einschließt. Unter welchen Bedingungen Zwangsmigrant*innen veranlasst sind, sich selbst als Flüchtlinge zu bezeichnen, und unter welchen Voraussetzungen sie eine Chance haben, politisch und rechtlich als Flüchtlinge anerkannt zu werden, wird im vierten Kapitel dargestellt.

Diese Veröffentlichung ist als ein Grundlagentext konzipiert, dessen Lektüre keine fundierten Vorkenntnisse

der Migrationssoziologie und der Flüchtlingsforschung
voraussetzt. Wir stellen ausgewählte theoretische Modelle,
analytische Konzepte und Ergebnisse der empirischen
Forschung in der Absicht dar, damit zur Versachlichung
einer Debatte beizutragen, in der Ängste und Bedrohungs-
szenarien allzu einflussreich sind und politische Ideologien sowie moralische Positionierungen wiederkehrend
an die Stelle einer informierten und differenzierten Betrachtung der Wirklichkeit globaler Migrationsdynamiken
treten.

2 Soziologie der Zwangsmigration und Flucht: Konturen eines Forschungsfeldes

Bereits bei den Klassikern der Soziologie wird Arbeitskräftemigration als ein Bestandteil der Etablierung des industriellen Kapitalismus thematisiert, und erste Projekte der soziologischen Migrationsforschung wurden früh in der Chicago School der 1920er Jahre realisiert (s. Aigner, 2017; Treibel, 2011). Die Migrationssoziologie hat sich seit den 1970er Jahren als anerkannter Teilbereich soziologischer Forschung etabliert. Eine eigenständige sozialwissenschaftliche Forschung über Flucht und Zwangsmigration hat sich dagegen erst ab den 1980er Jahren entwickelt. Der sozialwissenschaftliche Blick auf Migration in der Entstehungsphase der Soziologie umfasst zwar durchaus auch ein Wissen über die Bedeutung des Sklav*innenhandels, also einer extremen Form von Zwangsmigration. So wird z. B. bei Marx (1890/1970, S. 777 ff.) auf die große Bedeutung des Handelns mit Sklav*innen für die Entstehung des industriellen Kapitalismus und »die Verwandlung von Afrika in ein Geheg zur Handelsjagd« auf Sklav*innen hingewiesen. Die Bedeutung unterschiedlicher durch ökonomische Not, Kriege und politische Zwangsmaßnahmen ausgelöster Formen der Migration für die Entstehung und Entwicklung moderner Gesellschaften wurde in der Soziologie des 20. Jahrhunderts jedoch weitgehend vernachlässigt.[1]

---

1   Für einen informativen Überblick zur Geschichte der Migration siehe Bacci (2015); eine umfassende Darstellung der deutschen Aus- und Einwanderungsgeschichte seit dem 17. Jahrhundert liegt bei Oltmer (2016a) vor.

Dies ist zweifellos eine Folge davon, dass die Soziologie ihr Interesse vor allem auf Entwicklungen innerhalb der Nationalgesellschaften des globalen Nordens gerichtet hat sowie überwiegend von der fortschrittsoptimistischen Vorstellung beeinflusst war, dass Zwangs- und Gewaltverhältnisse wie Menschenhandel und Vertreibung im Prozess der Modernisierung an Bedeutung verlieren würden, es sich also eher um historische Phänomene als um Kennzeichen der Gegenwartsgesellschaft handelte.[2] Infolgedessen war und ist das zentrale Interesse der Migrationssoziologie auf die Betrachtung der Folgen von Arbeitsmigration in den jeweiligen Aufnahmegesellschaften gerichtet. Dementsprechend setzen sich die Autoren der klassischen Studien der Chicago School (s. etwa Znaniecki u. Thomas, 1928/1984) insbesondere mit den Schwierigkeiten von Integrationsprozessen der unterschiedlichen Einwanderungsgruppen sowie den Abwehrhaltungen der ansässigen Bevölkerung auseinander. In der deutschen Migrationssoziologie waren seit den 1960er Jahren die Möglichkeiten und Erfordernisse der Integration von Arbeitsmigrant*innen und die Analyse ihrer Benachteiligungen im Bildungssystem und auf dem Arbeitsmarkt zentrale Themen. Zudem wurden im angelsächsischen und auch im deutschen Kontext gesellschaftliche Folgen von Einwanderung in den Debatten über Multikulturalismus und Ethnizität thematisiert (s. dazu Bommes, 2011; Treibel, 2011; Müller u. Zifonun, 2010).

Nicht nur im Alltagsdenken, auch in der Soziologie ist zudem immer noch ein Verständnis von Gesellschaften als nationale, mehr oder weniger stark abgeschlossene Gebilde (quasi als Container) einflussreich, das National-

---

2 Für eine Kritik des Eurozentrismus der Soziologie und zu den Perspektiven einer post-kolonialen Soziologie siehe Gutiérrez Rodríguez, Boatcă und Costa (2010).

staaten bzw. Nationalgesellschaften als grundlegende Analyseeinheiten betrachtet (vgl. Stepputat u. Nyberg Sørensen, 2014, S. 88). Dieser »methodologische Nationalismus« (Wimmer u. Glick Schiller, 2003) kann dazu führen, dass Migration als ein Phänomen von nachrangiger Bedeutung betrachtet wird, wenn die Grenzen des Nationalstaates als Gesellschaftsgrenzen missverstanden werden und »die Erforschung sozialer Prozesse auf die politischen und geografischen Grenzen eines bestimmten Nationalstaates beschränkt« bleibt (Wimmer u. Glick Schiller, 2003, S. 578; hier wie im Weiteren wurden alle im Original englischsprachigen Zitate von uns ins Deutsche übersetzt).[3]

Die allmähliche Etablierung des Forschungsfeldes Flucht und Zwangsmigration ab den 1980er Jahren steht in Zusammenhang mit der Zunahme transkontinentaler Migrationsbewegungen in die Länder des globalen Nordens nach dem Zweiten Weltkrieg im Kontext der Dekolonialisierung im globalen Süden und des Scheiterns der Programmatik einer nachholenden Entwicklung, von der erwartet worden war, dass sie zu einer weltweiten Angleichung von Lebensstandards führen würde. Die positive wirtschaftliche Entwicklung hatte u. a. in Deutschland, Großbritannien und den USA dazu geführt, dass diese Länder in der Nachkriegszeit zu Zielorten einer um-

---

3   Auf die Bedeutung eines solchen Perspektivenwechsels auch für die Forschung über Flucht und Zwangsmigration ist in der einschlägigen Fachdiskussion nachdrücklich hingewiesen worden: »Die neue konzeptionelle Sichtweise des ›Transnationalismus‹, die sich auf transnationale Ströme, Netzwerke, Beziehungen, verschiedene Formen des Kapitals und soziale Felder bezieht, stellt den bedeutendsten Bruch mit der soziologischen Tradition dar, die ansonsten untrennbar mit dem verstaatlichten ›Containermodell‹ der Gesellschaft (Giddens, 1995) und dem allgegenwärtigen ›methodologischen Nationalismus‹ (Wimmer u. Glick Schiller, 2002) in der Sozialwissenschaft verbunden war« (Stepputat u. Nyberg Sørensen, 2014, S. 88).

fangreichen Arbeitskräftemigration geworden waren. Für Europa bedeutet dies einen »historische[n] Rollenwechsel vom Exporteur zum Importeur von Humanressourcen« (Bacci, 2015, S. 88), mit dem in Deutschland eine weitgehende Verdrängung der eigenen Auswanderungsgeschichte aus dem kollektiven Gedächtnis einhergeht. Die dadurch entstandenen Migrationsdynamiken führten seit den 1970er Jahren in Zusammenhang mit einer restriktiveren Einwanderungspolitik sowie politischen und wirtschaftlichen Krisen in den Herkunftsländern auch dazu, dass die Zahl der sogenannten illegalen Einwanderer*innen und Flüchtlinge zunahm, zunächst vor allem in den USA (s. Oltmer, 2017, S. 161 ff.). Dies veranlasste politische Kontroversen, die auch als Impulssetzungen für wissenschaftliche Forschung wirksam wurden. Auch die Weiterentwicklung des internationalen Flüchtlingsrechts seit den 1960er Jahren und der Ausbau der internationalen Organisationen des Flüchtlingsschutzes trugen dazu bei, dass Zwangsmigration und Flucht in der internationalen Forschung zunehmend Beachtung fanden. Einige Autor*innen problematisierten diesbezüglich die zunächst allzu enge Verbindung der wissenschaftlichen Forschung mit den Institutionen des Flüchtlingsschutzes (Malkki, 1995; Black, 2001). Diese führe zu einer Orientierung an politischen Fragestellungen und erschwere damit die Entwicklung einer theoriegeleiteten, an genuin wissenschaftlichen Fragestellungen ausgerichteten Forschung.

In Deutschland kamen in der Ära nach dem Zweiten Weltkrieg zunächst nur Flüchtlinge aus den Staaten des Warschauer Paktes an, so 1956 Flüchtlinge aus Ungarn, dann 1968 aus der Tschechoslowakei. Deren Aufnahme erfüllte »eine politisch-ideologische Legitimationsfunktion: Ost-West-Flüchtlinge waren willkommene Überläufer im Wettstreit der Systeme, lieferten sie doch, durch Abstimmung mit den Füßen, unübersehbare Nachweise für die Anziehungskraft des Westens« (Bade u. Oltmer, 2004, S. 83). Die Fluchtursachen schienen offenkundig zu sein, weshalb kein Bedarf für eine Forschung über die Ursachen dieser Fluchtdynamik gesehen wurde. Die erste transkontinentale Flüchtlingsbewegung nach Deutschland war dann ab 1973 die Zuwanderung von Flüchtlingen aus Chile in Reaktion auf die Errichtung einer Diktatur durch einen Militärputsch. Ende der 1970er Jahre erfolgte eine Aufnahme vietnamesischer Flüchtlinge, sogenannter Boatpeople. Noch die Fluchtbewegungen im Rahmen der Auflösungskriege des ehemaligen Jugoslawien Anfang der 1990er Jahre wurden als ein zeitlich begrenztes Phänomen diskutiert und führten auch in den Sozialwissenschaften nicht zu der Überzeugung, dass es sich bei Flucht und Zwangsmigration um ein Phänomen handelt, dessen Bedeutung den Ausbau einer darauf ausgerichteten Forschung erfordert. Dies hat sich erst mit der sogenannten Flüchtlingskrise nach 2014 und nicht zuletzt der dadurch verstärkten Furcht vor einer künftigen massenhaften Armutsmigration aus Afrika geändert. Eine wichtige Rolle spielen dabei demografische Berechnungen zum Bevölkerungswachstum im subsaharischen Afrika (s. etwa Baar, 2018), in deren medialer und politscher Rezeption oft ausgeblendet bleibt, dass Migration voraussetzungsvoll ist und erwartbare Migrationsdynamiken sich überwiegend innerhalb des afrikanischen Kontinents vollziehen werden.[4]

---

4   Das Forschungsnetzwerk Afrobarometer hat hierzu unlängst Ergebnisse einer umfangreichen Befragung zur Zahl der potenziellen Migrant*innen aus unterschiedlichen afrikanischen Ländern vorgelegt; dabei zeigt sich u. a., dass ca. 3 % der Befragten aktuell Vorbereitungen für eine Migration treffen und dass der relativ größte Anteil derjenigen, die eine Auswanderung erwägen, eine Migration innerhalb Afrikas anstrebt (Appiah-Nyamekye Sanny, Logan u. Gyimah-Boadi, 2019, S. 3).

2.1 Institutionelle Konturen des Forschungsfeldes

Inzwischen handelt es sich bei der Flüchtlingsforschung um ein etabliertes interdisziplinäres Forschungsfeld, für das heterogene disziplinäre Perspektiven (insbesondere Ethnologie, Geschichtswissenschaft, Ökonomie, Politikwissenschaft, Rechtswissenschaft, Soziologie) relevant sind und das durch unterschiedliche nationalgesellschaftliche Sichtweisen gekennzeichnet ist. Institutionelle Orte dieser Forschung sind u. a. das Centre for Refugee Studies an der Universität Oxford, das Ryerson Centre for Immigration and Settlement (RCIS) an der Universität Toronto sowie die von der International Association for the Study of Forced Migration (IASFM) seit 1995 organisierten Bemühungen um eine globale Koordinierung der Flüchtlingsforschung (s. Kleist, 2015, S. 157). Ein fundierter Überblick zur Entwicklung und zum Stand der interdisziplinären Forschung liegt im Oxford Handbook of Refugee & Forced Migration Studies vor (Fiddian-Qasmiyeh, Loescher, Long u. Sigona, 2014). Wichtige Forschungsergebnisse werden kontinuierlich in Fachzeitschriften wie »Disasters«, »Journal of Refugee Studies« sowie »Refuge: Canada's Journal on Refugees« publiziert.

Im deutschsprachigen Kontext war Flüchtlingsforschung zwar immer auch ein, jedoch recht kleiner, Teilbereich einer Migrationsforschung (s. Treibel, 2011). Anstrengungen zur Profilierung und Etablierung eines eigenständigen Forschungsfeldes sind erst seit den 2010er Jahren zu verzeichnen. Ein Ausgangspunkt dafür war 2013 die Gründung eines interdisziplinären Forschungsnetzwerkes »Grundlagen der Flüchtlingsforschung«, aus dem heraus inzwischen ein umfangreicher Forschungsverbund »Netzwerk Fluchtforschung« entstanden ist (s. https://fluechtlingsforschung.net). Die Fluchtbewegungen nach

Deutschland seit Mitte der 2010er Jahre waren auch von zentraler Bedeutung für eine Wissenschaftspolitik, die inzwischen zur Etablierung des Deutschen Zentrums für Integrations- und Migrationsforschung (DeZIM; www.dezim-institut.de) sowie des Interdisziplinären Zentrums für Integrations- und Migrationsforschung (www.inzentim.de) geführt hat. Mit dem Netzwerk Kritische Migrations- und Grenzregimeforschung (http://kritnet.org) hat sich zudem eine Forschungskooperation entwickelt, die durch eine deutliche Nähe zu zivilgesellschaftlichem flüchtlingspolitischem Aktivismus gekennzeichnet ist.

Vor dieser wissenschaftspolitischen Entwicklung existierten zwar in unterschiedlichen Disziplinen, auch in der Soziologie, durchaus einzelne Studien und Beiträge zur Thematik, die allerdings überwiegend weder in Politik und Öffentlichkeit noch im wissenschaftlichen Diskurs breitere Beachtung fanden.[5]

Im Rahmen der Etablierung einer eigenständigen Flüchtlingsforschung sind in jüngerer Zeit zahlreiche interdisziplinär ausgerichtete Sammelbände veröffentlicht worden (s. etwa Arslan u. Bozay, 2019; Ghaderi u. Eppenstein, 2017; Kersting u. Leuoth, 2019; Scherr u. Yüksel, 2016; Schmid Noerr u. Meints-Stender, 2017). Mit der erstmals 2018 erschienenen »Zeitschrift für Flüchtlings-

---

5   Eine Studie, die etwas breitere Resonanz erzielte, ist z. B. Tobias Piepers zuerst 2008 veröffentlichte Analyse zur »Mikrophysik der Herrschaft in der deutschen Flüchtlingspolitik« (Pieper, 2013). Als wichtige Beiträge können u. a. auch Katharina Inhetveens Untersuchung »Die politische Ordnung des Flüchtlingslagers« (Inhetveen, 2010b) und Thomas Scheffers Publikation »Asylgewährung. Eine ethnographische Analyse des deutschen Asylverfahrens« (Scheffer, 2001) genannt werden. Insbesondere am Institut für Migrationsforschung und Interkulturelle Studien (IMIS) der Universität Osnabrück ist die Flüchtlingsforschung zudem seit Langem Bestandteil der Migrationsforschung, vor allem hinsichtlich der historischen Studien.

forschung« (www.zflucht.nomos.de) existiert nunmehr auch ein einschlägiges deutschsprachiges interdisziplinäres Journal. Zudem ist seit 2015 auch eine enorme Zunahme der Zahl der Forschungsprojekte zu beobachten. 2012 wurden knapp zwanzig Forschungsprojekte, 2016 dann über 170 Projekte erfasst (Kleist, 2018).[6]

Die Diagnose einer »tiefe[n] Imprägnierung der Migrationsforschung durch ihre Einbettung in [den] jeweiligen Nationalstaaten« (Bommes, 2011, S. 35) und der Anlehnung der Forschung an Konturen und Konjunkturen nationalstaatlicher Politik scheint sich jedoch auch im Fall der Forschung über Flucht und Zwangsmigration zu bestätigen: Knapp vier Fünftel aller Projekte der deutschen Flucht- und Flüchtlingsforschung befassen sich mit Fluchtdynamiken nach Westeuropa, obgleich 85 % aller Flüchtlinge in Ländern des globalen Südens leben (Kleist, 2018).

Obwohl die Forschung zu Flucht und Zwangsmigration auch in der Soziologie an Bedeutung gewonnen hat, kann in Deutschland unseres Erachtens (noch) nicht von einer disziplinär anerkannten und institutionalisierten soziologischen Fluchtforschung ausgegangen werden. Zweifellos ist jedoch eine Zunahme soziologischer Analysen zu beobachten, die sich mit dieser Thematik aus sehr unterschiedlichen Perspektiven befassen (s. etwa Inhetveen, 2010a,

---

6 Um einen ersten Überblick über die vielfältigen Forschungsaktivitäten zu gewinnen, bietet sich ein Blick auf die oben genannten Internetseiten des Forschungsverbunds »Netzwerk Fluchtforschung« und des Netzwerks Kritische Migrations- und Grenzregimeforschung an. Auch im Rahmen des BMBF-Verbundprojektes »Flucht: Forschung und Transfer« (https:// flucht-forschung-transfer.de) wurden eine ganze Reihe an Daten zu Anzahl, Themen und Umfang der Projekte erhoben. Eine interaktive Forschungslandkarte bildet dort die aktuelle Forschungslandschaft zum Thema Flucht ab (s. Verbundprojekt Flucht, 2019).

2010b; Scherr, 2015a, 2015b, 2019; Scherschel, 2018, 2011; Schittenhelm, 2015; Lahusen u. Schneider, 2017).

Ob der skizzierten Entwicklung eine langfristige und nachhaltige Institutionalisierung folgen wird, lässt sich zum gegenwärtigen Zeitpunkt unserer Einschätzung nach nicht verlässlich absehen. Zwar zeichnen sich institutionelle Verankerungen ab; aufgrund der restriktiven Asyl- und Flüchtlingspolitik Deutschlands und der Europäischen Union ist aber erneut ein rapider Rückgang der Zahl derjenigen zu beobachten, denen es gelingt, die europäischen Grenzen zu überschreiten. Es ist also ungewiss, ob das politische, mediale und auch das wissenschaftliche Interesse am Thema nur eine befristete Konjunktur hat oder sich eine längerfristige Forschung zu Flucht und Zwangsmigration etablieren wird.

2.2 Konzeptionelle Ausgangspunkte der Soziologie von Flucht und Zwangsmigration

Ein erster Versuch zur Konturierung einer eigenständigen soziologischen Forschung über Flucht und Zwangsmigration liegt bei Richmond (1988) vor. In seinem Beitrag zum Schwerpunktheft »The Sociology of Involuntary Migration« der Zeitschrift »Current Sociology«, das ein wichtiger Ausgangspunkt für die Entwicklung einer eigenständigen Soziologie der Zwangsmigration war, wird nach Anschlussmöglichkeiten an die soziologische Theoriebildung gefragt und eine anspruchsvolle Aufgabenstellung benannt:

»Soziologische Theorien der internationalen Migration (einschließlich Flucht) sollten in der Lage sein, das Ausmaß, die Richtung und die Zusammensetzung der Bevölkerungsbewegungen, die Staatsgrenzen überschreiten, die Faktoren, die die Entscheidung über die Bewegung und die Wahl des Ziels bestimmen, die charakteristischen

Formen der sozialen Integration im Aufnahmeland und das letztendliche Ergebnis, einschließlich Rückkehr und Rückführung, zu erklären. Studien zur internationalen Migration sind bislang nicht einer solch ehrgeizigen Agenda gefolgt« (Richmond, 1988, S. 7).

Richmond fordert zur Einlösung dieses Erklärungsanspruchs eine Forschung ein, die soziale Ungleichheiten und Machtverhältnisse ebenso berücksichtigt wie die eigensinnige Handlungsmächtigkeit (Agency) von Migrant*innen. Ausgehend insbesondere von Giddens' Verständnis (1984) sozialer Strukturen als Ermöglichungsbedingungen und zugleich als Einschränkungen von Handlungsmöglichkeiten entwickelt Richmond dazu einige für die Soziologie der Zwangsmigration zentrale Bestimmungen. Er argumentiert erstens, dass für Migrationsentscheidungen – wie auch für andere Entscheidungen – gilt, dass sie weder vollständig determiniert noch vollständig frei sind, sondern unter Bedingungen getroffen werden, die mehr oder weniger große Entscheidungs- und Handlungsspielräume ermöglichen. Deshalb sei zweitens die »Unterscheidung zwischen ›frei‹ und ›gezwungen‹ oder ›freiwillig‹ und ›unfreiwillig‹ irreführend« (Richmond, 1988, S. 17) und durch eine Betrachtung unterschiedlich großer »Freiheitsgrade« sowie eher reaktiver oder eher proaktiver Formen von Migration zu ersetzen:

»Zu den proaktiven Migranten gehören Rentner, temporäre Arbeitsmigranten, Rückkehrer, wiedervereinigte Familien und normale ›Emigranten‹. UN-Konventionsflüchtlinge, Staatenlose, Sklaven und Zwangsarbeiter sind klare Beispiele für reaktive Migranten. Zwischen diesen beiden Extremen kombiniert ein großer Teil der Menschen, die Staatsgrenzen überschreiten, Merkmale, die auf wirtschaftlichen, sozialen und politischen Druck reagieren, auf die sie wenig Einfluss haben, die aber nur in einem begrenzten Ausmaß Auswirkungen auf die Auswahl der

Ziele und den zeitlichen Verlauf ihrer Bewegungen haben«
(Richmond, 1988, S. 20).

Diese Überlegungen verbindet Richmond mit einem
Modell, mit dem die auslösenden Bedingungen von
Zwangsmigration erfasst werden sollen. Dazu werden wiederum zwei Extrempole unterschieden: auf der einen Seite
eine Migration, die Ergebnis rationaler Kosten-Nutzen-
Abwägungen ist, auf der anderen Seite eine solche, die als
panische Reaktion auf eine Krisensituation beschrieben
wird, d. h. in der keine anderen Möglichkeiten gesehen
werden, um einer akuten Bedrohung zu entgehen. Zwischen diesen beiden Polen verortet Richmond den seiner
Einschätzung nach häufigeren Fall einer Migration, die
durch eine Verunsicherung und diffuse Ängste unter Bedingungen veranlasst ist, in denen die gesellschaftliche
Situation eine Befriedigung von Grundbedürfnissen unmöglich macht. Auf dieser Grundlage wird eine Erklä-
rungshypothese zu den zentralen Ursachen von unfreiwilliger Migration formuliert: Es sei »eine vernünftige
Hypothese, dass dann, wenn gesellschaftliche Institutionen zerfallen oder bis zu dem Punkt geschwächt werden,
dass sie nicht in der Lage sind, einem wesentlichen Teil
der Bevölkerung ein angemessenes Gefühl von Grup-
peneinbindung, Vertrauen und ontologischer Sicherheit
zu vermitteln, eine Flüchtlingssituation geschaffen wird«
(Richmond, 1988, S. 17).

Richmond plädiert darüber hinaus für eine differenzierte Betrachtung der für jeweilige Migrationsdynamiken
kennzeichnenden spezifischen Gemengelagen von Restriktionen und Möglichkeiten. Dabei sei in allen Fällen
von einer Interdependenz »wirtschaftlicher, sozialer und
politischer Faktoren« auszugehen (Richmond, 1988, S. 12).

Ein wichtiger Beitrag zur Weiterentwicklung dieser
Überlegungen ist von Stephen Castles (2003) vorgelegt
worden. In einem für die neuere Forschung grundlegen-

den Artikel zielt er darauf, Ansatzpunkte für eine systematisch angelegte Theorie der Zwangsmigration aufzuzeigen. Von entscheidender Relevanz für seine Konzeption ist ein Verständnis von Globalisierung als einem »System des selektiven Ein- und Ausschlusses spezifischer Regionen und Gruppen, durch das Ungleichheiten aufrechterhalten und verschärft werden« (Castles, 2003, S. 21). Zwangsmigration wird als integraler Bestandteil der globalen Nord-Süd-Beziehungen, aber auch der Ungleichverhältnisse zwischen Regionen innerhalb des globalen Südens und des globalen Nordens betrachtet:

»Der bedeutendste Ausdruck dieser Ungleichheit ist das Nord-Süd-Gefälle, aber es ist wichtig, dies eher als eine soziale denn als eine geografische Kluft zu betrachten. Sowohl im Norden als auch im Süden führt die Dynamik von Inklusion und Exklusion zu zunehmender sozialer Ungleichheit sowie auch zu Wachstumsgebieten im Süden und zu Gebieten mit rückläufiger Entwicklung im Norden. Diese Prozesse führen zu Konflikten und erzwungener Migration« (Castles, 2003, S. 17).

Castles beschränkt seine Betrachtung jedoch nicht auf ökonomische Ungleichheiten, sondern geht davon aus, dass diese mit politischen Strukturen verknüpft sind; er argumentiert, dass zwischen ökonomischen und politischen Ursachen ein enger Zusammenhang bestehe:

»Gescheiterte Volkswirtschaften bedeuten im Allgemeinen auch schwache Staaten, räuberische herrschende Cliquen und Menschenrechtsverletzungen. [...] Viele Migranten und Asylbewerber haben mehrere Gründe für die Migration, und es ist unmöglich, wirtschaftliche und menschenrechtliche Beweggründe vollständig zu trennen – was eine Herausforderung für die klaren Kategorien ist, die Bürokratien durchsetzen wollen« (Castles, 2003, S. 17). Castles zufolge ist bei einer realistischen Betrachtung deshalb von einer engen Verschränkung, einem

»Asyl-Migrations-Nexus« (Castles, 2003, S. 17) auszugehen. Auf diese Thematik werden wir im vierten Kapitel
noch näher eingehen.

In Hinblick auf die Bedingungen, die als soziale
Zwänge Migrationsbewegungen veranlassen können, wird
in der neueren Migrationsforschung von »mixed migration flows«, einer faktischen Gemengelage von sich über-
lagernden Faktoren ausgegangen (s. Zetter, 2014, S. 22 ff.).
Alexander Betts (2013) schlägt den Begriff »survival migration« vor, um zu verdeutlichen, dass es eine komplexe Verschränkung von politischen, sozialstrukturellen, ökonomischen und rechtlichen Faktoren ist, die dazu führt, dass
Menschen keine Alternative zur Auswanderung aus ihrem
Herkunftsland sehen, um sich eine erträgliche Überlebens-
perspektive zu verschaffen.

Seinen Erklärungsansatz verbindet Castles mit der Forderung, Migration als ein Phänomen anzuerkennen, das
für die Analyse der Gegenwartsgesellschaften von zentraler Bedeutung ist. In diesem Zusammenhang argumentiert er unter Bezugnahme auf Zygmunt Bauman (1998;
vgl. auch Beck u. Poferl, 2010), dass ungleiche Mobilitäts-
möglichkeiten eine wichtige Dimension globaler sozialer
Ungleichheiten darstellen:

»Die neuen globalen wirtschaftlichen und politischen
Eliten sind in der Lage, Grenzen nach Belieben zu überschreiten, während die Armen dazu bestimmt sind, zu
Hause zu bleiben: ›Der Reichtum ist global, das Elend ist
lokal‹« (Castles, 2003, S. 20).

Diese pointierte Überlegung bezieht sich vor allem
auf die Privilegierung von Eliten bei legalen Migrationsmöglichkeiten, die in der Ungleichwertigkeit von nationalen Reisepässen und Unterschieden bei der Zuteilung
von Visa und der Finanzierung von Reisen sichtbar wird.
Darüber hinaus schließt dies auch eine implizite Kritik
der gängigen Annahme ein, dass Migration vom globalen

Süden in den globalen Norden vor allem armutsbedingte Migration sei. Denn die ärmsten Bevölkerungsgruppen in den Ländern des globalen Südens sind unter den gegebenen Bedingungen kaum dazu in der Lage, die Kosten aufzubringen, die für eine Reise über weite Entfernungen ohne legale Reisedokumente entstehen. Eine Migration von Afrika nach Europa ohne legale Reisedokumente ist deshalb nur für diejenigen möglich, die erhebliche finanzielle Ressourcen beschaffen können oder aber über die physische und mentale Stärke verfügen, große Entfernungen unter prekären Bedingungen zurückzulegen.[7] Dass kaum Flüchtlinge aus dem südlichen Afrika nach Europa gelangen, ist auch dadurch bedingt, dass die zu bewältigenden Entfernungen größer und die Fluchtwege damit aufwendiger und riskanter sind als zum Beispiel bei einer Flucht aus Eritrea. In anderen Fällen – so etwa in Nordkorea – wird Emigration dadurch verhindert, dass zurückbleibenden Familienangehörigen schwerste Sanktionen drohen. Für eine Soziologie der Zwangsmigration ist deshalb auch eine Untersuchung der sozialen, politischen und ökonomischen Voraussetzungen unverzichtbar, die dazu erforderlich sind, um das eigene Herkunftsland verlassen bzw. bestimmte Zielländer erreichen zu können.

In seiner Analyse fordert Castles auch dazu auf, die Bedeutung von Zwangsmigration für gesellschaftliche Veränderungen sowohl im globalen Norden als auch im globalen Süden in den Blick zu nehmen. In diesbezüglichen Analysen werden die positiven Auswirkungen monetärer Rücküberweisungen von Migrierten an ihre Familien und

---

7   Instruktiv dazu ist die von Gatti veröffentliche Reportage »Bilal. Als Illegaler auf dem Weg nach Europa« (Gatti, 2010). In eigenen Interviews wurden uns von Geflüchteten aus West- und Ostafrika als Voraussetzung für eine Flucht die Beschaffung von 4.000 bis 6.000 Dollar für Bezahlung sogenannter Schlepper*innen und für die Bestechungsgelder genannt (Scherr u. Breit, 2019).

Verwandtschaften, der sogenannten Remittances, für die Herkunftsländer betont; Deaton (2013, S. 280) kommt zu der Einschätzung, dass das Volumen der privaten Überweisungen von Ausgewanderten gegenwärtig doppelt so hoch sei wie das der offiziellen Entwicklungshilfe.

Castles benennt jedoch auch negative Folgen von Auswanderung:

»Gewalt und Zwangsmigration führen aber auch zu sozialen Veränderungen. Sie zerstören wirtschaftliche Ressourcen, untergraben traditionelle Lebensweisen und zerbrechen Gemeinschaften. Erzwungene Migration ist daher ein Faktor, der die Unterentwicklung vertieft, die sozialen Bindungen schwächt und die Kapazität der Gemeinschaften und Gesellschaften reduziert, positive Veränderungen zu erreichen« (Castles, 2003, S. 19).

In Übereinstimmung damit wird in der Perspektive afrikanischer Auswanderungsländer zwar auch auf die erhebliche Bedeutung von Remittances hingewiesen; eine aktuelle Befragung von Afrobarometer (Appiah-Nyamekye Sanny et al., 2019, S. 3), kommt zu dem Ergebnis, dass etwa ein Fünftel (21 %) der Befragten von solchen Geldern aus dem Ausland abhängig ist, was bei 10 % »ein wenig«, bei 7 % »etwas« und bei 4 % »sehr viel« der Fall ist. Zugleich wird dort aber die selektive Abwanderung junger und gut qualifizierter Teile der Bevölkerung nach Europa und Nordamerika als Verlust von Arbeitskräften problematisiert, die für die soziale und wirtschaftliche Entwicklung von großer Bedeutung sind (Appiah-Nyamekye Sanny et al., 2019, S. 6).

Die weitreichenden sozialen Auswirkungen von Abwanderung, auf die mit diesen Überlegungen hingewiesen werden soll, können mit einer auf ökonomische Kennziffern begrenzten Betrachtung nicht ausreichend erfasst werden. Wie bereits Richmond (1988) sieht auch Castles eine zentrale Aufgabe der Soziologie zudem darin, die

Bedeutung von individueller und kollektiver Handlungsmächtigkeit (Agency) und von sozialen Netzwerken für Zwangsmigration in den Blick zu nehmen. Zudem weist er darauf hin, dass die Analyse der gesellschaftlichen Reaktionen in den Aufnahmegesellschaften ein wichtiger Gegenstand soziologischer Forschung sei. Auf Grundlage dieser Überlegungen entwickelt er eine umfassende Forschungsagenda für die Soziologie der Zwangsmigration, die u. a. folgende Aspekte umfasst (vgl. Castles, 2003, S. 28 f.):

- Erforschung der Ursachen von Zwangsmigration in den Herkunftsländern;
- Analysen zur Frage, warum Zwangsmigrant*innen bestimmte Zielländer anderen vorziehen;
- Bedeutung migrantischer Netzwerke und transnationaler Communities sowie der Migrationsindustrie;
- Erforschung der Institutionen der Migrationskontrolle;
- Forschung darüber, welche staatsbürgerlichen Rechte Zwangsmigrant*innen erwerben können und welche sozialpolitischen Regulierungen vorgenommen werden;
- Flüchtlingslager und Aufnahmezentren als totale Institutionen;
- Analyse der Diskurse und öffentlichen Meinungsbildung über Zwangsmigrant*innen und ihre gesellschaftliche Eingliederung;
- Analyse der Geschlechterdimension von Zwangsmigration;
- Studien über Intergruppenbeziehungen in lokalen Kontexten.

Castles' Plädoyer für eine eigenständige Soziologie der Zwangsmigration war ein entscheidender Ausgangspunkt für eine internationale Forschung, in der u. a. auch die Entwicklung der modernen Flüchtlingskategorie (s. Kapitel 4) sowie die Problematik von Deportationen (s. Kapitel 5) untersucht wurden. Einen knappen Überblick zur internationalen, insbesondere zur angelsächsischen Soziologie von Flucht und Zwangsmigration liefern z. B. Stepputat und Nyberg Sørensen (2014).

Historische und soziologische Analysen (s. etwa Bacci, 2016; Castles, 2010; Osterhammel, 2008) haben aufgezeigt, dass die Dynamiken der Zwangsmigration Bestandteil der Globalisierungsprozesse sind, die zu miteinander verschränkten Veränderungen sowohl der Beziehungen zwischen dem globalen Norden und dem globalen Süden als auch in den Herkunfts- und Aufnahmegesellschaften geführt haben.

2.3 Soziale Zwänge und Migrationssysteme

Das in der Migrationssoziologie von Everett S. Lee (1966) begründete Paradigma von Push- und Pull-Faktoren fokussiert ökonomische, ökologische und politische Unterschiede zwischen Herkunfts- und Zielländern. Es stellt einen klassischen Ansatz zur Erklärung von Ursachen und Gründen von Migrationsbewegungen dar und liefert Ausgangspunkte, um in dieser Gemengelage bestimmte Faktoren zu unterscheiden, die Migration bedingen (s. dazu Treibel, 2011; Pries, 2013). Dabei können die Push-Faktoren als Zwänge verstanden werden, die Migration auslösen, während die Pull-Faktoren für die Attraktivität möglicher Migrationsziele bedeutsam sind. Migration wird in diesem Modell als eine rationale Strategie zur Verbesserung der eigenen Lebenssituation interpretiert. Armut, Arbeitslosigkeit, niedriges Lohnniveau, politische Krisen, staatliche Gewalt, Menschenrechtsverletzungen, aber auch Umweltkatastrophen und strukturelle Verknappung von Naturressourcen gelten als Push-Faktoren; zu den Pull-Faktoren werden Arbeitskräftebedarf, Hochkonjunktur, hoher Lebensstandard, politische und rechtliche Sicherheit sowie günstige Einwanderungsgesetze gerechnet. Zwangsmigration ist, so betrachtet, das Ergebnis von Entscheidungen, die unter Abwägung spezifischer Push- und Pull-Faktoren getroffen werden. Bedeutsam sind dabei die Vergleichshorizonte. Denn Migration »resultiert ja nicht aus den fatalen Zuständen in Somalia, Eritrea oder anderswo, sondern aus dem Vergleich dieser Zustände mit den […] Möglichkeiten in den Inklusionszonen« der Weltgesellschaft (Japp, 2015, S. 90). Relevante Vergleichshorizonte sind die zwischen den Ländern des globalen Südens und den wirtschaftlich wohlhabenden und demokratisch verfassten Nationalgesellschaften des globalen Nordens, aber auch zwischen unterschiedlichen Ländern innerhalb des globalen Südens sowie zwischen den Lebensbedingungen in ländlichen und urbanen Regionen.

Das Push-Pull-Modell bietet zwar eine plausible Beschreibung der Auslösebedingungen potenzieller Migration an, es hat für die Erklärung tatsächlicher Migrationsdynamiken jedoch erhebliche Schwächen (vgl. Scherr u. Inan, 2017, S. 139). Dies gilt u. a. für die folgenden Aspekte: Die Annahme, dass Migrationsprozesse das Ergebnis einer rationalen Abwägung zwischen Optionen sind, trifft auf Fälle von Vertreibung und Flucht nicht zu, in denen sich Abwanderung als alternativlose Möglichkeit der Überlebenssicherung darstellt; ausgeblendet wird auch, dass Migrationsziele sich erst im Verlauf des Migrationsprozesses als Ergebnis situativer Gelegenheiten ergeben können. Zudem wird das angenommene Wanderungsschema von Staat A nach Staat B der Realität von zirkulärer Migration, von Pendel- und Mehrfach-Bewegungen sowie von der Entstehung transnationaler Räume nicht gerecht. Keine ausreichende Berücksichtigung findet im Push-Pull-Modell auch die Realität historisch gewordener Migrationsrouten – einschließlich der damit zusammenhängenden Wissensbestände, Informationsströme und Kontakte zu Diaspora-Communities.

Als Alternative dazu sind Theorien komplexer Migrationssysteme entwickelt worden (s. als Überblick dazu Aigner, 2017, S. 44 ff.). Unterschiedliche Formen von Migration werden dort nicht als Folge individueller Entscheidungen, sondern als Artikulation historisch gewordener globaler Strukturbildungen und Beziehungen zwischen Herkunfts- und Aufnahmegesellschaften betrachtet. Ein erstes theoretisches Konzept von Migrationssystemen hat Mabogunje bereits 1970 am Fall der Land-Stadt-Migration in Afrika entwickelt (s. zum Folgenden Mabogunje, 1970). Er akzentuiert, dass die Einbeziehung bislang selbstgenügsamer ländlicher Communities in die nationale Ökonomie, die Herausbildung ökonomischer und sozialer Beziehungen zwischen städtischen und ländlichen Regionen sowie die damit einhergehende Veränderung der ökonomischen Bedürfnisse potenzieller Migrant*innen wichtige Ausgangspunkte der Entstehung von Migrationssystemen sind. Damit aus potenziellen tatsächliche Migrant*innen würden, bedürfe es weiter eines Prozesses, der dazu führt, dass einerseits Migrationswünsche von Einzelnen durch Familien und Verwandtschaften akzeptiert oder unterstützt werden und andererseits, dass in Städten Strukturen gegeben sind, die eine ökonomische und soziale Integration von Migrant*innen ermöglichen.

Von zentraler Bedeutung für das Konzept der Migrationssysteme ist zudem die Annahme, dass es sich um eigendynamische Systeme handelt, deren Dynamik nicht zureichend durch die anfänglichen Auslösefaktoren erklärt werden kann: »Eine wichtige Implikation der Betrachtung der Land-Stadt-Migration als offenes System ist die Tatsache […], dass der Zustand eines Systems zu einem bestimmten Zeitpunkt nicht so sehr durch Ausgangsbedingungen bestimmt wird, sondern durch die Art des Prozesses« (Mabogunje, 1970, S. 14).

D. h.: Einmal in Gang gekommene Migration führt zu sozialen Veränderungen sowohl in den Herkunfts- als auch in den Zielregionen sowie zu Veränderungen der Aspirationen potenzieller Migrant*innen, die unabhängig von den anfänglichen Ursachen der Migrationsdynamik dazu führen können, dass weitere Migration entsteht.

Solche eigendynamischen Prozesse sind auch für internationale Migration beschrieben worden. Pries (2014, S. 451) weist diesbezüglich auf den »Wirkungszusammenhang zwischen transnationalen Sozialräumen und Migration« hin, der dazu führe, dass sich bestehende Austauschbeziehungen stabilisieren und durch weitere Migration verstärken können. Castles und Miller akzentuieren, dass eine Analyse von Migrationssystemen die Bedeutung historisch entstandener Verbindungen zwischen Entsende- und Aufnahmeländern, von politischen, wirtschaftlichen und kulturellen Beziehungen berücksichtigen sollte (s. Castles u. Miller, 2009, S. 20 ff.). Sie plädieren für Forschungskonzepte, die Analysen historischer Entwicklungen und gegenwärtiger gesellschaftlicher Strukturen und Prozesse auf der Mikro-, Meso- und Makroebene verbinden sowie individuelle und kollektive Handlungsfähigkeit berücksichtigen.

Im Unterschied zum Push-Pull-Modell, das von rationalen individuellen Migrationsentscheidungen ausgeht, werden in der neueren soziologischen Forschung die Bedeutung historisch gewordener Ungleichverhältnisse und gesellschaftlicher Beziehungen zwischen Aus- und Einwanderungsregionen sowie die Pfadabhängigkeit und Eigendynamik von Wanderungsbewegungen akzentuiert. Migration wird als ein in Migrationssystemen situiertes und voraussetzungsvolles Projekt von Familien, Verwandtschaften und lokalen Gemeinschaften verstanden, das eine Transformation sozialer Beziehungen bewirkt. Rationale Abwägungen der Vor- und Nachteile sowie Kosten von

Migration sind nur ein Element der Zusammenhänge, die
zu Entscheidungen für oder gegen Migration führen, wobei sich Migration unter bestimmten Bedingungen auch
als ein alternativloser Handlungszwang darstellen kann.

2.4 Zwangsmigration: ein umstrittenes, aber unverzichtbares Konzept

Der Begriff Zwangsmigration basiert auf der im Alltagsdenken und im politischen Diskurs gängigen Unterscheidung von freiwilliger und erzwungener Migration. Es
handelt sich dabei jedoch um eine diskussionsbedürftige
Unterscheidung mit weitreichenden Implikationen. Im
Folgenden gehen wir auf die Problematik dieser Unterscheidung ein. Wir argumentieren in Übereinstimmung
mit Turton (2003, S. 11), dass es sich trotz aller konzep-
tionellen Schwierigkeiten mangels besserer Alternativen
um einen nicht verzichtbaren Terminus handelt, der als
heuristisches Konzept auch für die empirische Forschung
instruktiv ist.

Die International Organization for Migration (IOM)
definiert Zwangsmigration als eine »Migrationsbewegung,
in der ein Element des Zwangs besteht, einschließlich der
Bedrohung von Leben und Lebensgrundlagen, unabhängig davon, ob sie auf natürliche oder vom Menschen ver-
ursachte Ursachen zurückzuführen ist« (IOM, 2011, S. 39).
Damit wird betont, dass ein bedeutsamer Teil der Migrationsprozesse als eine Reaktion auf Bedingungen verstanden werden kann, die einen Verbleib in der Herkunftsregion als unerträglich und unzumutbar erscheinen lassen.
Dies beinhaltet die Annahme, dass Migration politische
und moralische Verpflichtungen in Fällen impliziert, die
als Folge freiwilliger Entscheidungen betrachtet werden.
Die Verwendung der Kategorie »unfreiwillige Migration«
hat also auch die Funktion, an gesellschaftliche Verant-

wortungsübernahme für Hilfe, Aufnahme und Schutz zu appellieren.

Es gibt jedoch eine Reihe von Gründen, die gegen eine Verwendung des Begriffes Zwangsmigration sprechen. In verschiedenen Diskussionsbeiträgen (s. etwa Gibney, 2013; Richmond, 1988; Scherr u. Inan, 2017; Turton, 2003) ist argumentiert worden, dass die für den Begriff Zwangsmigration grundlegende Unterscheidung von erzwungener und freiwilliger Migration deshalb keine geeignete Grundlage für soziologische Analysen ist, weil Formen des individuellen und kollektiven sozialen Handelns generell Resultat einer komplexen Verschränkung von strukturellen Zwängen mit individuellen und kollektiven Entscheidungs- und Handlungsmöglichkeiten sind. Dementsprechend formuliert Gibney (2013, S. 116): »Fast jede Migration ist eine Angelegenheit sowohl von Zwang als auch von Wahlmöglichkeiten.« Problematisch ist der Begriff Zwangsmigration demnach deshalb, weil damit »die wichtigste Eigenschaft aller Migranten und auch aller Menschen: ihre Handlungsfähigkeit« vernachlässigt werde (Gibney, 2013, S. 116).[8] Offensichtlich ist auch, dass es sich dabei um eine unscharfe Unterscheidung handelt, die nur in Grenzfällen (wie etwa beim Vergleich zwischen gewaltsamer Vertreibung und der Auswanderung wohlhabender Rentner*innen aus Nordeuropa in wärmere Regionen) dazu geeignet

---

8 Auch der Ansatz der »Autonomie der Migration« (Transit Migration Forschungsgruppe, 2007) betont, dass Migrant*innen Subjekte sind, die nicht beliebig über sich verfügen lassen und die unter bestimmten Bedingungen durchaus in der Lage sind, sich zu organisieren, staatliche Migrationsbeschränkungen zu überwinden und die Berücksichtigung eigener Interessen einzufordern. Allerdings tendiert dieses Konzept dazu, die sozialen Voraussetzungen von selbstbestimmter Handlungsfähigkeit und die Bedeutung von Einschränkungen der Handlungsmöglichkeiten von Migrant*innen zu vernachlässigen.

ist, unterschiedliche Formen von Migration in einer analytisch klaren Weise zu differenzieren.

In einer soziologischen Perspektive, die betont, dass jede Migration aus einer Gemengelage von sozialen Bedingungen und Zwängen einerseits, individueller und kollektiver Handlungsfähigkeit andererseits resultiert, ist die Tragfähigkeit der Unterscheidungen von erzwungenen und freiwilligen Handlungen generell, und damit auch die von freiwilliger und unfreiwilliger Migration, gering. Mit dem Verzicht auf diese Unterscheidung wäre nun aber nicht nur die Tragfähigkeit des Konzepts Zwangsmigration infrage gestellt, sondern gleichermaßen auch die des korrespondierenden Konzepts der »freiwilligen Migration«. Dagegen ist zunächst erstens kritisch einzuwenden, dass analytische Unterscheidungen in den Sozialwissenschaften vielfach auf Phänomene bezogen sind, die durch Übergänge und unscharfe Abgrenzungen gekennzeichnet sind. Zweitens kann argumentiert werden, dass Konzepte wie Autonomie, Selbstbestimmung, Verantwortlichkeit und Freiwilligkeit nicht schon dadurch obsolet werden, indem auf soziale Bedingungen und Eingrenzungen von Freiheitsgraden hingewiesen wird. Ebenso stellt es keinen überzeugenden Einwand gegen das Konzept Zwangsmigration dar, dass es sich bei den dafür bedeutsamen Zwängen nicht um totale Zwänge handelt, die keinerlei Entscheidungsmöglichkeiten mehr zulassen. Drittens würde mit der Preisgabe dieser Differenzierung auch die Möglichkeit einer politischen und rechtlichen Unterscheidung zwischen denjenigen hinfällig, die migrieren wollen, denen eine Aufnahme jedoch in legitimer Weise verweigert werden kann, und denjenigen, deren Situation moralische und/oder rechtliche Verpflichtungen potenzieller Aufnahmeländer als unabweisbar erscheinen lässt.

Turton (2003) diskutiert diese Problematik in Zusammenhang mit den Klassifikationen von Richmond (1988;

s. o.) und Van Hear (1998). Beide haben Typologien entwickelt, deren Ziel es ist, die unterschiedlichen Grade von Zwang genauer zu klassifizieren. Solche Typologien tendieren Turtons Einschätzung nach gleichwohl dazu, die komplexe Gemengelage von Einflussfaktoren und Entscheidungsmöglichkeiten letztlich in unzulässiger Weise zu vereinfachen: »Richmonds Unterscheidung von ›proaktiver‹ versus ›reaktiver‹ Migration macht dies sehr deutlich: Er klassifiziert Menschen als Menschen mit und ohne Agency, Zwangsmigranten als solche mit wenig oder keiner Agency. Aber wir wissen aus Studien, die beispielsweise über das Verhalten von Menschen in Konzentrations- und Arbeitslagern gemacht wurden, dass der Mensch selbst unter den schwierigsten Umständen darum kämpft, einen Bereich individueller Entscheidungsmöglichkeiten aufrechtzuerhalten – und diejenigen, die dabei erfolgreich sind, sind diejenigen, die am besten überleben. Auch am reaktivsten oder unfreiwilligsten Ende des Kontinuums haben Menschen wahrscheinlich viel mehr Wahlmöglichkeiten, als wir möglicherweise denken – oder als es dieses Modell uns zu denken ermöglicht. Sie können Möglichkeiten haben, nicht nur über das Ob, sondern auch über das Wann, Wo und Wie der Migration zu entscheiden, Möglichkeiten, die nicht mit solchen Kontinua erfasst werden können« (Turton, 2003, S. 10).

Auch dieses Argument gegen eine Verwendung des Begriffs der Zwangsmigration trägt unseres Erachtens allerdings nicht. Denn daraus, dass Menschen versuchen, auch unter sehr schwierigen Bedingungen individuelle oder kollektive Handlungsfähigkeit aufrechtzuerhalten, folgt nicht, dass die jeweiligen Bedingungen nicht mit mehr oder weniger starken Zwängen und Einschränkungen von Handlungsfähigkeiten einhergehen. Im Fall der gewaltsamen Vertreibung etwa kann sich der Entscheidungsspielraum darauf reduzieren, zu fliehen oder getötet zu werden.

Ökonomische Zwänge können ebenso eine gravierende Beeinträchtigung von Handlungsspielräumen und Lebenschancen bedingen wie eine politische Repression, die Inhaftierung und gegebenenfalls auch Folter umfassen kann.

Folglich ist zu berücksichtigen, dass der Begriff Zwangsmigration zwar keine klare und trennscharfe Unterscheidung zu einer Migration etabliert, die als mehr oder weniger freiwillig klassifiziert werden kann. Damit wird aber ein Blick auf soziale Verhältnisse, in denen sich Migration als eine alternative Option darstellen kann, um eigenes Überleben oder den Zugang zu elementaren Menschenrechten zu ermöglichen, nicht obsolet. Deshalb existieren unseres Erachtens Gründe dafür, den Begriff der Zwangsmigration beizubehalten: Auch wenn die Unterscheidung freiwillige Migration vs. Zwangsmigration nicht trennscharf ist, lassen sich in soziologischer Perspektive Lebensbedingungen empirisch beschreiben, die mit begründbaren Maßstäben als unzumutbar gelten und deshalb als subjektiv zwingende und zugleich auch gesellschaftlich anzuerkennende Gründe für Migration gelten können. Dies trifft unseres Erachtens insbesondere dann zu, wenn grundlegende Menschenrechte – bürgerliche und politische Rechte, aber auch wirtschaftliche, kulturelle und soziale Menschenrechte wie der Zugang zu ausreichender Ernährung, Gesundheitsversorgung und schulischer Bildung von Kindern – nicht gewährleistet sind.

In seinem Working Paper »Conceptualising Forced Migration« argumentiert Turton damit übereinstimmend, dass die Anerkennung der Realität von Zwangsmigration zu einer Auseinandersetzung mit der Frage herausfordert, wie die ökonomisch wohlhabenden und demokratisch verfassten Gesellschaften in globale Ungleichverhältnisse involviert sind:

»Unter diesem Gesichtspunkt besteht der Grund dafür, Zwangsmigranten von einem breiter gefassten Verständnis von Migration zu unterscheiden, darin, dass Zwangsmigranten einen besonderen Anspruch auf unsere Besorgnis erheben. Sie verlangen, dass wir uns mit Fragen der Mitgliedschaft, der Bürgerschaft und des demokratischen Liberalismus befassen. Unter diesem Gesichtspunkt führt uns die Betrachtung der Zwangsmigration letztendlich dazu, die Kluft zwischen reichen und armen Ländern zu betrachten, und zur Frage, wie weit die reichen Länder bereit sind, diese Kluft durch Entwicklungshilfe, Handelsreform und wesentlich auch durch die Liberalisierung der Migrationspolitik zu schließen« (Turton, 2003, S. 8).[9]

Zudem ist zu berücksichtigen, dass die Vorgaben des internationalen, europäischen und nationalen Einwanderungs- und Flüchtlingsrechts Migrant*innen dazu zwingen, sich selbst in den dort vorgegebenen Klassifikationsschemata zu verorten, also als »freiwillige« Arbeitsmigrant*innen oder als zur Flucht Gezwungene zu deklarieren. Eine reflexive Soziologie ist folglich darauf verwiesen, die Frage zu stellen, welche Bedingungen gesellschaftlich (politisch, rechtlich, in Alltagstheorien usw.) als Zwänge und damit hinreichende Gründe anerkannt werden, die Entscheidung für Migration und gegen einen Verbleib zu rechtfertigen. Wie im Weiteren noch deutlich werden wird, liegt den Festlegungen des Flüchtlingsrechts diesbezüglich ein absichtsvoll eingeschränktes Verständnis solcher Zwänge zugrunde. In der Folge müssen Zwangsmigrant*innen, wenn ihnen keine Möglichkeiten

---

9 Wir haben im Vorangegangenen bereits darauf hingewiesen, dass in der aktuellen wissenschaftlichen und politischen Diskussion jedoch kontrovers diskutiert wird (Problematik der selektiven Abwanderung höher qualifizierter Menschen, Bedeutung vom Remittances), ob bzw. welchen Beitrag eine liberalere Migrationspolitik zur Überwindung globaler Ungleichheiten und damit auch zur Verringerung der Ursachen von Zwangsmigration leisten kann.

der Arbeitsmigration offenstehen, sich selbst als Flüchtlinge darstellen, denen eine Rückkehr in ihr Herkunftsland nach menschenrechtlichen Maßstäben nicht zumutbar ist, wenn sie eine Chance auf Aufnahme und Schutz erreichen wollen.

Sich als Flüchtling zu deklarieren, kann damit eine Strategie sein, die auf die Vorgabe reagiert, dass gravierende Armut und Verelendung nicht als Migrationsursachen anerkannt werden, die einen Rechtsanspruch auf Aufnahme und Schutz begründen. Dies kann wiederum moralisierende Diskurse zur Folge haben, die den vermeintlichen »Asylmissbrauch« skandalisieren. Diese Empörung ignoriert jedoch, dass der Zwang, Asyl zu beantragen, der Selektivität eines Flüchtlingsbegriffs geschuldet ist, durch die Zwangsmigrant*innen die Möglichkeit verweigert wird, sich mit Aussicht auf Erfolg als solche zu deklarieren (s. Scherr u. Inan, 2017, S. 141).

Mit dem Begriff Zwangsmigration wird im Unterschied zu den rechtlichen Differenzierungen von Asylberechtigten, Flüchtlingen, subsidiär Schutzberechtigten und zu Duldenden eine Perspektive eingenommen, die keine normative und rechtliche Hierarchisierung der Zwänge voraussetzt, die Migration bedingen, sondern diese Hierarchisierungen selbst als einen Gegenstand soziologischer Analysen in den Blick nimmt. D. h.: Warum, wie und mit welchen Folgen politisch und rechtlich zwischen unterschiedlichen Formen von Zwangsmigration unterschieden wird, ist soziologisch durch Analysen der einschlägigen Semantiken und empirische Untersuchungen zu erforschen.

Zusammenfassend formuliert: Die Betonung, dass Migration immer auch auf Entscheidungen und eigensinniger Handlungsfähigkeit beruht, sollte nicht dazu verleiten, die Wirkmächtigkeit gesellschaftlicher (ökonomischer, ökologischer, politischer, rechtlicher) Verhältnisse zu bestreiten, die dazu führen, dass Migration eine faktisch alternativlose Option sein kann, um physisches Überleben und/oder Lebensbedingungen zu erreichen, in denen elementare Menschenrechte gewährleistet sind. Es lassen sich zwar keine eindeutigen und unstrittigen Kriterien dafür angeben, wie Zwangsmigration von solchen Formen der Migration zu unterscheiden sind, mit denen eine Verbesserung der eigenen Lebenssituation angestrebt wird, obwohl die Ausgangsbedingungen auch einen Verbleib in der Herkunftsregion als nach begründbaren Maßstäben zumutbar erscheinen lassen. Dennoch ist der Begriff Zwangsmigration unverzichtbar, um ein Forschungsfeld zu konturieren, das soziale Ungleichheiten, Armut, Kriege und Bürgerkriege, politische Herrschaftsverhältnisse (einschließlich Verweigerung bürgerlicher und politischer Rechte, Verfolgung und Vertreibung), rassistische, ethnische und religionsbezogene Diskriminierung von Minderheiten, patriarchalische Gewaltverhältnisse sowie die Zerstörung natürlicher Lebensgrundlagen als Zwänge in den Blick nimmt, denen sich Menschen durch Abwanderung zu entziehen versuchen.

3 Globalisierung und Zwangsmigration

Die Dynamiken der Zwangsmigration können im Sinne einer groben, aber instruktiven Vereinfachung als Resultat einer Konstellation verstanden werden, die durch eine global ungleiche Verteilung von Wohlstand sowie gravierende Unterschiede der nationalstaatlichen Gewährleistung von Staatsbürger- und Menschenrechten gekennzeichnet ist. Zu berücksichtigen sind zudem ökonomische, politische, soziale und rechtliche Bedingungen, die Mobilität ermöglichen oder behindern. Globalisierungsprozesse sind diesbezüglich durch widersprüchliche Dynamiken und Strukturbildungen gekennzeichnet. Pointiert formuliert:

Die Verfestigung von Ungleichheiten zwischen den Regionen der Weltgesellschaft und der Ausbau der Kommunikations- und Transportinfrastruktur lassen Migration wahrscheinlicher werden, während insbesondere seitens der Staaten des globalen Nordens – aber u. a. auch durch einige arabische Staaten und China – zugleich erhebliche Anstrengungen unternommen werden, erwünschte Migration (etwa: qualifizierte Arbeitskräfte, Manager*innen, Wissenschaftler*innen, Studierende) zu erleichtern, aber unerwünschte Migration zu verhindern. Für Fluchtmigration ist zudem ein spezifisches Spannungsverhältnis zwischen der völkerrechtlichen Institutionalisierung des Flüchtlingsrechtes und der staatlichen Selbstverpflichtung auf Gewährleistung von Menschenrechten einerseits und am Primat nationaler Interessen orientierten Migrationspolitiken andererseits kennzeichnend. Letztere sind darauf ausgerichtet, eigene Zuständigkeit für die Gewährleistung der Rechte von Flüchtlingen zu begren-

zen. Politik und Recht sind zwar nach wie vor zentral nationalstaatlich verfasst; Gesellschaftskonzepte, welche die
Reichweite moralischer und rechtlicher Verpflichtungen
nationalgesellschaftlich begrenzen, verlieren durch globale Verflechtungen der Ökonomie und Kommunikation,
die Institutionalisierung eines weltgesellschaftlichen Universalismus in Menschenrechtsdiskursen, im Völkerrecht
und in internationalen Organisationen wie der UNO sowie durch das Wissen um die Auswirkungen globaler Zusammenhänge auf die Lebensbedingungen und Lebenschancen von Menschen jedoch an Überzeugungskraft
(Luhmann, 1993, S. 571 ff.; Heintz u. Leisering, 2015).

Die Soziologie der Zwangsmigration ist damit auf die
Analyse einer Konstellation verwiesen, die sowohl durch
Globalisierungsprozesse gekennzeichnet ist, denen normativ die Idee universeller Menschenrechte entspricht (Koenig,
2005b), als auch durch regionale, eng mit Nationalstaatlichkeit verknüpfte Unterschiede (insbesondere: autoritäre oder demokratische Regime, ungleiche Ausprägungen von Rechtsstaatlichkeit, Wohlfahrtsstaatlichkeit
und wirtschaftlicher Entwicklung), mit denen ein staatlich-politisches Interesse an der Regulierung von Migration korrespondiert.

Dabei wäre es missverständlich, die gegenwärtige
Globalisierung als ein historisch neuartiges Phänomen
zu betrachten. Denn die moderne kapitalistische Ökonomie und die europäischen Nationalstaaten entwickelten
sich von ihren Anfängen an auf der Grundlage globaler
Wirtschaftsbeziehungen, und die durch diese ausgelöste
(Zwangs-)Migration war, historisch betrachtet, von Beginn
an ein Bestandteil des Globalisierungsprozesses (Oltmer,
2017). Dies gilt nicht zuletzt für den Sklav*innenhandel
nach Amerika, der eine zentrale Ermöglichungsbedingung der Industrialisierung in Europa war (Beckert, 2015).
Auch Fluchtmigration war ein Bestandteil dieser Dyna

mik: Glaubensflüchtlinge aus Italien und Flandern waren in der zweiten Hälfte des 16. Jahrhunderts vielerorts willkommene Einwanderer*innen, da sie ihre Fertigkeiten und ihr Kapital in Länder wie die Schweiz, die Niederlande oder England transferierten. Die Spitzenklöppelei oder die Seidenmanufakturen in England wären ohne die fliehenden Hugenotten, französische Protestanten calvinistischer Konfession, nicht denkbar gewesen; und die Offenheit der britischen Gesellschaft gegenüber den Flüchtenden trug wesentlich zur Entwicklung der kapitalistischen Produktion bei (Fulcher, 2007, S. 45; Marfleet, 2006). Osterhammel (2008, Kapitel IV) zeigt die große Bedeutung globaler Bevölkerungsbewegungen für landwirtschaftliche Entwicklung, Rohstoffabbau und Industrialisierung in der zweiten Hälfte des 19. und zu Beginn des 20. Jahrhunderts auf. Und Hollifield bemerkt pointiert: »Jahrhunderte lang haben Staaten Massenwanderungen organisiert, um ihre Kolonisierung und Wirtschaftsentwicklung voranzutreiben und damit einen wirtschaftlichen Vorsprung in der sich globalisierenden Wirtschaft zu gewinnen« (Hollifield, 2003, S. 38).

Es lassen sich historisch auch zahlreiche Versuche nachweisen, Migration zugunsten der Aufnahmeländer und ihres Wohlstandes zu steuern. So wurde in den USA im Zuge der Weltwirtschaftskrise in den 1930er Jahren die sogenannte »Likely to become a Public Charge«-Klausel verabschiedet. Sie sah vor, Personen dann abzuweisen, wenn sie das öffentliche Sozialbudget belasten würden: »Nur wenn ein amerikanischer Bürger ein eidesstattliches Versprechen abgab, ein affidavit of support, dass er für den Unterhalt bürgen würde, war eine Einreise möglich« (Kieffer, 2006, S. 29). Diese Klausel stand im Widerspruch zu der von George Washington proklamierten Aussage, dass Einwanderung nicht ausschließlich nach der Maßgabe von Ressourcen ermöglicht, sondern auch »die

Unterdrückten und Verfolgten aller Nationen und Religionen« aufgenommen werden sollten (Kieffer, 2006, S. 30).

Migrationsprozesse waren demnach ein wesentlicher Bestandteil der Entwicklung des modernen Kapitalismus und der modernen Nationalstaaten. Historisch und systematisch sind (Zwangs-)Migration und Flucht eng mit den Globalisierungsprozessen verschränkt, deren zentrale Antriebsmomente die Dynamik der kapitalistischen Ökonomie und die weltweiten Vorherrschaftsansprüche der Nationalstaaten des globalen Nordens sind.

3.1 Fluchtmigrationen im Spannungsfeld globaler Dynamiken und nationaler Partikularinteressen

Die fortschreitende globale Durchsetzung des kapitalistischen Wirtschaftsmodells und die damit einhergehende Entstehung von Wirtschaftsbeziehungen und Abhängigkeiten sowie eines »westlichen« konsumgesellschaftlichen Lebensstils bei gleichzeitiger Zerstörung der Grundlagen traditioneller lokaler Ökonomien sind gegenwärtig wesentliche Ursachen von Migrationsdynamiken. Es wäre jedoch zu vereinfachend, die aktuellen Formen von Zwangsmigration allein auf die Auswirkungen des globalen Kapitalismus zurückzuführen. Zweifellos ist es zwar zutreffend, dass ein Bedingungszusammenhang zwischen den wirtschaftlichen Verhältnissen im globalen Süden und politischen Ordnungen besteht, die durch Korruption, fehlende Rechtsstaatlichkeit und autoritäre Herrschaftsformen gekennzeichnet sind. Diese politischen Ordnungen sowie die regionalen Konfliktkonstellationen, die potenzielle Auslöser von Zwangsmigrationen sind, können jedoch nicht schlicht als kausale Effekte der kapitalistischen Ökonomie und globaler ökonomischer Ungleichheiten verstanden werden (Menzel, 1992; 2015). Zudem kann begründet argumentiert werden, dass die kapitalistische Entwicklungsdynamik auch eine entscheidende Grundlage für wirtschaftlichen Wohlstand und die staatliche Gewährleistung bürgerlicher Rechte und somit ihrerseits eine Bedingung für wirtschaftliche Entwicklung ist sowie dass eine funktionsfähige Demokratie die politische Begrenzung von Ungleichheiten innerhalb eines Nationalstaates ermöglicht (s. etwa Japp, 2015; Stichweh, 2000). Insofern lassen sich auch nationalgesellschaftliche Konstellationen beschreiben, in denen eine kapitalistische Ökonomie mit politischen und rechtlichen Verhältnissen einhergeht, die gerade nicht zu Zwangsmigration führen, sondern die diese Gesellschaften zu Zielländern von Einwanderung werden lassen. Deshalb müssen für unterschiedliche Formen der Zwangsmigration die jeweils spezifischen Gemengelagen von ökonomischen, ökologischen, militärischen, politischen, rechtlichen und soziokulturellen Bedingungen berücksichtigt werden. In den Blick zu nehmen ist zudem die Bedeutung historisch entstandener Migrationsbeziehungen zwischen Aus- und Einwanderungsländern, die unter anderem dadurch wirksam werden, dass Zwangsmigrant*innen dorthin ziehen, wo sie mit Unterstützung durch bereits bestehende Communities von Eingewanderten rechnen können (s. o.). So ist zum Beispiel die Fluchtmigration nach Deutschland in Folge der Auflösungskriege des ehemaligen Jugoslawien auch dadurch bedingt gewesen, dass durch die Arbeitskräftemigration seit den 1960er Jahren transnationale soziale Beziehungen zwischen den beiden Staaten entstanden waren.

Der United Nations High Commissioner for Refugees (UNHCR) nennt vier zentrale Auslöser für das gegenwärtige globale Fluchtgeschehen: a) Kriege, Bürgerkriege und die Auseinandersetzungen bewaffneter Gruppen, wie im Falle von Syrien, dem Südsudan und Afghanistan, b) Armut und Hunger, c) die Folgen des Klimawandels und d) Menschenrechtsverletzungen (s. UNHCR, 2019b). Die sozialen Folgen des Klimawandels zählen laut UNHCR zu den zentralen Motoren der Fluchtmigration und gelten als eine der großen Herausforderungen des 21. Jahrhunderts. Prognosen zufolge werden in den kommenden fünfzig Jahren zwischen 250 Millionen und einer Milliarde Menschen zu Umweltflüchtlingen werden (s. UNHCR, 2019c).

Wie ökologische, politische und ökonomische Faktoren im globalen Ungleichheitsgefüge miteinander verknüpft sind, illustrieren Fischer-Lescano und Möller (2012) in Bezug auf das sogenannte Landgrabbing, den Aufkauf landwirtschaftlich nutzbarer Flächen im globalen Süden durch Unternehmen aus dem globalen Norden und China: Im Kontext des Klimawandels und des Bevölkerungswachstums ist die Frage, wie große Teile der Bevölkerung im globalen Süden mit Nahrungsmitteln und Trinkwasser versorgt werden können, zu einer geostrategischen Machtfrage geworden, und Ernährungskrisen sind einer der Hauptgründe für Zwangsmigration innerhalb des globalen Südens. Durch das Landgrabbing werden die Versorgungslagen der Länder des globalen Südens insofern gefährdet, als landwirtschaftlich nutzbare Flächen im großen Umfang der Subsistenzwirtschaft und der lokalen Ökonomie entzogen werden, da die dort angebauten Produkte überwiegend für den Export vorgesehen sind. Gleiches gilt auch für die Förderung exportorientierter Nahrungsmittelproduktion durch nationale Regierungen; so werden z. B. ca. 80 % des Fleisches, das in Namibia produziert wird, nach Europa exportiert, was auf nationaler Ebene erhebliche Steuereinnahmen generiert, weshalb die nationale Regierung nur ein geringes Interesse an einer Landumverteilung zugunsten von Kleinbauern hat (zur Politik und Ökonomie Namibias: s. Melber, 2015).

Fischer-Lescano und Möller kommentieren die Zusammenhänge zwischen der gegenwärtigen wirtschaftlichen Entwicklung auf den Finanzmärkten und den Ernährungskrisen wie folgt:

»Durch die Wirtschaftskrise haben sich die Finanz-
marktprodukte als sehr risikoreich erwiesen. Es beginnt
die Suche nach anderen zukunftsfähigen Anlageoptionen
jenseits der Kapitalmärkte. Das Agrarland erhält hier offensichtlich eine neue Bedeutung: Es wird zur Ware gemacht und zu einem gesamten Wirtschaftszweig ausgebaut.
Dabei steigert sich seine Attraktivität als Investitionsgut
dadurch, dass der Klimawandel ihn absehbar verknappen
wird« (Fischer-Lescano u. Möller, 2012, S. 21).

Die komplexen Zusammenhänge zwischen der gegenwärtigen Globalisierungsdynamik und Zwangsmigration
können wie folgt zusammengefasst werden (vgl. Scherr
u. Inan, 2017):

Einerseits führt der Globalisierungsschub der letzten
Jahrzehnte zu einer Erleichterung, Beschleunigung und
Intensivierung von grenzüberschreitenden Prozessen, von
internationalen Wirtschaftsbeziehungen, Informations-
und Kommunikationsprozessen. Der Ausbau des Flug-
und Schiffsverkehrs ermöglicht Mobilität, und die neuen
Informations- und Kommunikationstechnologien fördern
eine Verbreitung des Wissens über mögliche Migrationsbewegungen und potenzielle Migrationsziele. Die Entstehung
eines Weltmarkts für qualifizierte Arbeitskräfte, von »Global Cities« (Sassen, 1996) und Sonderwirtschaftszonen, die
internationale Produktions- und Dienstleistungszentren
sind, hat in Verbindung mit der Liberalisierung und Dere-
gulierung des Produktions-, Dienstleistungs- und Finanz-
sektors zur Verfestigung und Verstärkung von sozialen Ungleichheiten zwischen den Regionen der Weltgesellschaft
geführt. Regionale Disparitäten sind dabei nicht nur auf
das Verhältnis zwischen dem globalen Norden und dem
globalen Süden beschränkt, sondern haben auch innerhalb
der beiden jeweiligen Hemisphären zugenommen. Eine
Folge davon ist, dass sich die Migrationsanlässe, -motive
und -möglichkeiten vervielfältigt haben. Bildungs- und

Arbeitsmigration ist in bestimmten Sektoren des Arbeitsmarktes zum Normalfall geworden, und in einigen Regionen der Weltgesellschaft sind Auswanderung und die finanziellen Transfers seitens der Ausgewanderten ein wesentlicher Bestandteil der Ökonomie. Zugleich führt die Ausweitung der globalen Produktions- und Handelsbeziehungen dazu, dass kleinbäuerlich geprägten Ökonomien die Grundlagen entzogen werden, mit der Folge einer Zunahme der Binnenwanderungen von ländlichen Regionen in die Städte und der Zunahme einer sich grenzüberschreitend bewegenden Migration, die überwiegend innerhalb der Kontinente stattfindet.

Andererseits ist die politische Ordnung der Weltgesellschaft dadurch gekennzeichnet, dass an nationalstaatlichen bzw. supranationalen Ordnungen wie der EU festgehalten wird, die das Recht beanspruchen, souverän über Staatsbürgerschaften und territoriale Aufenthalte zu entscheiden. Globalisierung hat also nicht zur Auflösung von »Nationalgesellschaften« (Schimank, 2005, S. 399) in eine kosmopolitische Weltgesellschaft geführt. Unter den Bedingungen fortschreitender Globalisierung werden Nationalstaaten vielmehr in der Konkurrenz um Investitionen, Produktionsstandorte, Finanz- und Dienstleistungszentren zu »nationale[n] Wettbewerbsstaaten« (Hirsch, 1995); Ähnliches gilt für supranationale Wirtschaftsregionen wie die EU.

Bestandteile der Globalisierungsdynamik sind damit
1. Gelegenheits- und Anreizstrukturen für Migration,
2. politische Bemühungen, bestimmte Formen der Migration zu erleichtern und herbeizuführen, sowie
3. forcierte Bemühungen, Zwangsmigration nach Maßgabe nationaler bzw. supranationaler Interessenkalküle zu regulieren, insbesondere unerwünschte Migrationsbewegungen aus dem globalen Süden in den globalen Norden zu verhindern.

3.2 Citizenship und gewöhnlicher Nationalismus

Migration, die über eine Bedarfsdeckung für den nationalen Arbeitsmarkt hinausgeht, wird in modernen, wohlfahrtsstaatlich und demokratisch verfassten Gesellschaften insbesondere deshalb als ein potenzielles Problem betrachtet, weil der Aufenthalt auf dem nationalstaatlichen Territorium Ansprüche auf Gewährleistung eines soziokulturellen Existenzminimums begründet. Denn eine umfassende Exklusion von Nicht-Staatsbürger*innen aus sozialstaatlichen Leistungen und dem legalen Arbeitsmarkt ist nicht – jedenfalls in West- und Nordeuropa – mit einem nationalgesellschaftlichen Selbstverständnis als moderne Gesellschaften, die auf ihrem Territorium Grund- und Menschenrechte gewährleisten, und den kodifizierten Grundrechten vereinbar (s. Halfmann u. Bommes, 1998; Stichweh, 2000, S. 66 ff.). Gleichzeitig ist für die Politik von Nationalstaaten eine primäre Verpflichtung auf das Wohlergehen ihrer Staatsbürger*innen von zentraler Bedeutung, deren strukturelle Grundlage die Verfasstheit des politischen Systems als demokratische Interessenvertretung der Staatsbürger*innen ist (Scherr, 2015a). Die Anerkennung von Leistungsansprüchen von Migrant*innen, deren Einwanderung nicht – wie im Fall von Arbeitsmigration – selbst als Konsequenz nationaler Interessen dargestellt werden kann, relativiert diese Privilegierung von Staatsbürger*innen und etabliert damit ein gesellschaftspolitisches Konfliktfeld. Um die gesellschaftlichen Reaktionen auf Zwangsmigration in wohlfahrtsstaatlich verfassten Gesellschaften verstehen zu können, ist deshalb eine Analyse der Bedeutung von Staatsbürgerschaft als Vergesellschaftungsform von zentraler Bedeutung.

Moderne Nationalstaaten, die als wohlfahrtsstaatliche Demokratien verfasst sind, beruhen auf einer spezifischen

Organisation der Beziehungen zwischen Markt, Staat und Individuen (s. Bommes, 1999; Esping-Andersen, 1998; Scherschel, 2018). Die Institution Staatsbürgerschaft reguliert sowohl soziale Teilhabefragen als auch die Mitwirkungsrechte in Prozessen der politischen Willensbildung. Der demokratische Wohlfahrtsstaat moderiert – etwa durch eine sozialstaatliche Grundsicherung, Arbeitslosen-, Kranken-, Unfall-, Pflege- und Rentenversicherung, die Festlegung von Mindestlöhnen und die Gewährleistung gewerkschaftlicher Interessenvertretung – nicht nur nationalgesellschaftliche Ungleichheitsverhältnisse und den Interessenkonflikt zwischen Kapital und Lohnarbeit, sondern auch das Spannungsverhältnis zwischen marktwirtschaftlichem Kapitalismus und politischer Demokratie, indem er nicht allein formelle rechtliche Gleichheit, sondern zudem eine »basale materielle Gleichheit« (Stichweh, 2000, S. 69) gewährleistet. Mit demokratischen Rechten und wohlfahrtsstaatlichen Leistungsansprüchen verbundene Staatsbürgerschaft – Citizenship[10] – zählt zweifellos

---

10 In seiner Vorlesung »Citizenship and Social Class« analysierte Thomas H. Marshall (1950) die historische Evolution und Umsetzung der Citizenship. Anhand der Entwicklung des britischen Wohlfahrtsstaates analysierte er die gesellschaftliche Integration der Arbeiterschaft durch die allmähliche Institutionalisierung politischer, bürgerlicher und sozialer Rechte. Während die politischen Rechte noch keine weitreichenden Effekte hinsichtlich einer Neuformierung des Ungleichheitsgefüges in der kapitalistischen Klassengesellschaft zeigten, sicherten die sozialen Rechte einen Anspruch auf die Umverteilung gesellschaftlicher Ressourcen. Marshalls Analyse thematisiert die Spannung zwischen der Demokratie und den sozialen Verwerfungen, die der Kapitalismus hervorbringt. Die Entwicklung und Expansion insbesondere der sozialen Rechte galt für Marshall als historischer Kompromiss zwischen den sozialen Klassen. Zweifelsohne wurde die soziale Frage mit der Entwicklung der sozialen Rechte und der allmählichen innerstaatlichen Umsetzung eines Bürgerschaftsstatus politisch beantwortet (Kivisto/Faist, 2007; Esping-

zu den historischen Errungenschaften der Moderne, ihre Kehrseite besteht allerdings in ihrer Exklusivität, die eine Ursache der sozialen Ungleichheiten zwischen Nationalgesellschaften ist (Stichweh, 2000; Boatcă, 2016; Scherschel, 2015).

Citizenship ist eng mit den Strukturen des nationalen Wohlfahrtsstaates und mit globalen Ungleichheiten zwischen Nationalgesellschaften verschränkt: Das nationalgesellschaftliche Niveau wohlfahrtsstaatlicher Leistungen ist sowohl eine Folge wie auch ein Element der Reproduktion globaler Ungleichheiten und basiert darauf, dass diese Leistungen an Staatsbürgerschaft oder einen legalen Aufenthaltstitel gekoppelt sind. Zudem sind staatsbürgerliche Rechte im globalen Kontext in einem sehr unterschiedlichen Maße verankert, wie beispielsweise der alljährliche »Freedom in the World«-Report illustriert, in dem die Verankerung demokratischer Normen und Standards in unterschiedlichen Ländern des Globus anhand der dortigen Umsetzung sowohl politischer als auch ziviler Rechte sowie von Faktoren wie Chancengleichheit und Zugang zu Ressourcen – Landeigentum, Einkommen, Bildung etc. – erfasst wird (s. Freedom House, 2018). Auch diese unterschiedliche Gewährung von Rechten macht moderne, wohlfahrtsstaatliche Demokratien einerseits zum Anziehungspunkt für Migrationsbewegungen, andererseits können solche Rechte, da sie nur nationalstaatlich verankert sind, als zu verteidigende Privilegien verstanden und als eine Begründung für politische Forderungen verwendet werden, die darauf ausgerichtet sind, Migrationen abzuwehren (s. Scherschel, 2018). Dies ist in Zusammenhang damit zu sehen, dass nationale Wohlfahrtsstaaten ganz

---

Andersen, 1998). Citizenship und ihre Ausgestaltung und Ausweitung sind also eine historische Antwort auf die soziale Frage des 19. und 20. Jahrhunderts (Scherschel, 2018).

generell primär das Wohlergehen *ihrer* Staatsbürger*innen adressieren. Sie können deshalb als »imaginäre Solidargemeinschaft[en]« (Halfmann, 2007, S. 3) verstanden werden, durch die »Mindestansprüche oder ein basaler Lebensstandard oder eine minimale Partizipation an den für eine bestimmte Lebensform charakteristischen Aktivitäten allen Bürgern garantiert« werden sollen (Stichweh, 2000, S. 68). Diese basale Gleichheit im Inneren korrespondiert mit einem »gewöhnlichen Nationalismus« (Pogge, 2011, S. 152 ff.; vgl. Scherr, 2013). Pogge unterscheidet diesen dabei deutlich von Varianten eines ideologisch aufgeladenen, partikularen bzw. revisionistischen Nationalismus: Der gewöhnliche Nationalismus benötige nicht mehr als die Annahme, dass sich »Bürger und Regierungen […] stärker um Überleben und Wohlergehen ihres eigenen Staates, ihrer Mitbürger und ihrer Kultur kümmern« dürfen und sollen »als um Überleben und Wohlergehen fremder Staaten, Kulturen und Personen« (Pogge, 2011, S. 150 f.). Dies wird in demokratisch verfassten Nationalstaaten auch dadurch abgesichert, dass staatliche Politik sich in Wahlen gegenüber Staatsbürger*innen verantworten muss. Eine Politik, die auf die Begrenzung einer aus Sicht der potenziellen Aufnahmestaaten unerwünschten Zwangsmigration ausgerichtet ist, kann dementsprechend als Ausdruck eines Nationalismus verstanden werden, der Grundsätze einer universalistischen Moral relativiert und auf Interessenlagen und demokratische Interessenartikulation nationalstaatlich vergesellschafteter Staatsbürger*innen verweist (s. Scherr, 2015a).

   In Reaktion auf Migrations- und Globalisierungsprozesse ist die historisch enge Koppelung von demokratischen Rechten und wohlfahrtsstaatlichen Leistungen an Staatsbürgerschaft jedoch in einigen Nationalgesellschaften gelockert worden. In der Migrationsforschung werden diesbezüglich drei Entwicklungen wiederholt genannt:

Erstens haben Arbeitsmigrant*innen in vielen westeuro-
päischen Ländern ein dauerhaftes Aufenthaltsrecht erhalten; sie sind Einwohner*innen, die Zugang zum Arbeitsmarkt, zum Bildungssystem und zu den Systemen sozialer
Sicherung haben, denen aber so lange kein Wahlrecht gewährt wird, wie keine Einbürgerung erfolgt ist. Zweitens
wird auf die EU-Bürgerschaft hingewiesen, die EU-Bürger*innen eine Reihe von Rechten gewährt, die im ganzen
EU-Raum gelten. Die EU-Bürgerschaft wird in der Citi-
zenship-Debatte als neues Modell einer postnationalen
Mitgliedschaft diskutiert (Soysal, 1994), obwohl der Bezug von Sozialleistungen in einem anderen Land der EU
als dem eigenen Herkunftsland immer noch sehr voraussetzungsvoll und eingeschränkt ist. Bei der dritten Entwicklung handelt es sich um den Bedeutungszuwachs universeller Normen, also der Menschen- und Völkerrechte.
Empirisch betrachtet, ist die dominante Form der modernen politischen Mitgliedschaft jedoch weiterhin die Zugehörigkeit zu einem Nationalstaat (Schlenker u. Blatter,
2016). Dennoch stellen die oben genannten Entwicklungen Entkopplungsprozesse des Konnexes von Mitgliedschaft, Territorium und Recht dar. Allerdings ist der Zugang zu Staatsbürgerrechten von Zwangsmigrant*innen
und Flüchtlingen durch komplexe Regelungen in spezifischer Weise eingeschränkt, die in Deutschland u. a. befristete Absenkungen des Anspruchs auf materielle Sozialleistungen und Gesundheitsversorgung sowie gegebenenfalls
auch das Verbot der Arbeitsaufnahme umfassen.[11]

---

11 Die einschlägigen rechtlichen Regelungen sind wiederkehrend
    geändert worden. Zuletzt wurden im Juni 2019 erneute Leistungs-
    einschränkungen durch den Bundestag beschlossen. Nähere Infor-
    mationen hierzu sind beispielsweise auf der Informationsplatt-
    form »Sozialrecht für Flüchtlinge, Asylsuchende und Migranten«
    verfügbar (s. Informationsverbund Asyl & Migration, 2019).

3.3 Ökonomie der Migration und Grenzregime

Zwangsmigration wird seitens der potenziellen Aufnahmestaaten überwiegend als Belastung durch unerwünschte Zuwanderung wahrgenommen, deren Ausmaß politisch begrenzt werden soll. Dies hat dazu beigetragen, dass Migrationsmanagement zu einem Leitbild der internationalen Politik geworden ist, das auch für die Politik der EU und ihrer Nationalstaaten folgenreich ist (The Berne Initiative, 2005). Dieses Leitbild beeinflusst auch die Rhetorik und die Inhalte von mit Migration befassten internationalen Organisationen wie der International Organization for Migration (IOM; ww.iom.int). Das von vielen migrationspolitischen Akteur*innen getragene Konzept des Migrationsmanagements fordert, dass angesichts gescheiterter nationaler Abschottungspolitiken Migration als ein zwar nicht verhinderbarer, jedoch durch Steuerung optimierbarer Prozess verstanden werden soll (de Jong, Messinger, Schütze u. Valchars, 2017, S. 4; Buckel, 2013, S. 55). Dabei wird für eine ganzheitliche Sichtweise von Migrationen plädiert, die nicht nur Kontrolle, Abschottung und Abschreckung im Sinn hat. Faktisch läuft dies jedoch nach Einschätzung unterschiedlicher Autor*innen, entgegen der gängigen Rhetorik, auf eine selektive Öffnung nationaler Arbeitsmärkte, die sich an der angenommenen Nützlichkeit der Migrant*innen für die jeweiligen nationalen Arbeitsmärkte orientiert, und eine Stärkung der Positionen von bestimmten Migrant*innengruppen, aber auch auf die Einführung von Maßnahmen zur Verhinderung von sogenannter illegaler Migration hinaus (de Jong, Messinger, Schütze u. Valchars, 2017). Symptomatisch dafür ist, dass die Agenda des Migrationsmanagements zwar auch menschenrechtliche Empfehlungen beinhaltet, aber nicht offizieller Teil des UN-Flüchtlingsregimes[12] ist (Cyrus, 2011). Im Kontext der europäischen Migrationspolitik begann die Umsetzung des Migrationsmanagements mit der Beendigung einer Politik, in der weitere Arbeitskräftezuwanderung nicht mehr vorgesehen war. Sonja Buckel spricht in diesem Zusammenhang von der Etablierung eines »neoliberalen Post-Gastarbeitsregimes« (Buckel, 2013, S. 56).

Kennzeichnend für die Programmatik des Migrationsmanagements ist eine Hierarchisierung unterschiedlicher Migrant*innengruppen; diese umfasst eine Abstufung von Rechten (»civic stratification«, Morris, 2002). Migrant*innen werden in unterschiedliche Rechtskategorien eingeordnet, die einen abgestuften Zugang zu sozialen, bürgerlichen und politischen Rechten in den Aufnahmegesellschaften ermöglichen. Dafür sind Einteilungen nach Migrationsanlässen und Herkunftsregionen bedeutsam. Im Fall von Flüchtlingen werden in Deutschland zum Beispiel Menschen aus sogenannten »sicheren Herkunftsstaaten« anderen und strikteren Regulierungen unterworfen als solche aus anderen Herkunftsregionen. Die bei der auf Arbeitsmigration ausgerichteten Einwanderungspolitik zum Zuge kommenden Differenzierungen zwischen Migrant*innengruppen rekurrieren auf die Humankapitaltheorie und belohnen bestimmte, arbeitsmarktkompatible personenbezogene Merkmale (z. B. Qualifikation, Sprache, Alter) sowie in einigen Fällen das frühere Einkommen bzw. das verfügbare Vermögen. Die Staaten der Europäischen Union, Nordamerikas und Süd-

---

12 Der Begriff Flüchtlingsregime bezeichnet ein »institutionalisiertes System bestehend aus (1) Regeln und Normen, die flüchtlingsbezogenes Handeln von organisationalen, individuellen und staatlichen Akteuren zum Gegenstand haben, (2) Organisationen, die sich spezifisch mit diesen flüchtlingsbezogenen Handlungen befassen und (3) operationalen Praktiken, die sich mit Flüchtlingen befassen« (Inhetveen, 2007, S. 59).

ostasiens haben differenzierte eigene Kategoriensysteme entwickelt, nach denen Visa im Rahmen eines globalen Migrationssystems vergeben werden (Mau u. Brabandt, 2011; Morris, 2002; Kofman, 2008, S. 112 f.; Scherschel, 2016).

Buckel (2013, S. 60 f.) unterscheidet mit Blick auf die europäische Politik vier Zonen stratifizierter Rechte, die wiederum in ihrem Inneren durch weitere rechtliche Differenzierungen geprägt sind. In der ersten Zone befinden sich demnach die EU-Bürger*innen. Sie verfügen über weitreichende, aus der Unionsbürgerschaft abgeleitete bürgerliche, politische und soziale Rechte. Die zweite Zone ist die der legalen Migration für Personen aus Drittstaaten. Verschiedene EU-Richtlinien adressieren arbeitsmarktpolitisch bestimmte, insbesondere ressourcenstarke Personengruppen und je nach Richtlinie existieren graduell abgestufte Zugänge zu Rechten. Die dritte Zone stellt den Bereich des Flüchtlingsschutzes dar. Die Richtlinien und Verträge in diesem Bereich beziehen sich auf Verteilungs- und Abstimmungsverfahren innerhalb der EU sowie auf die Ausgestaltung der Asylverfahren, die Standards der Unterbringung und die Mindestnormen zur Aufnahme. Zwischen den einzelnen Mitgliedsstaaten existieren gravierende Unterschiede in der Umsetzung, da die Auslegung der Mindestnormen den Interpretationsspielräumen der nationalen Akteur*innen unterliegt (Buckel, 2013, S. 67). Die vierte Zone wird als die Zone der illegalisierten Migration bezeichnet. Buckel skizziert eine Reihe an Kontrolltechniken (z. B. die Einrichtung der Grenzschutzagentur Frontex) und Richtlinien, wie z. B. die Rückführungsrichtlinie, deren Hauptfunktion darin zu sehen ist, diese Migration abzuwehren (Buckel, 2013, S. 69 f.).

Bestimmte Gruppen von Migrant*innen verfügen demzufolge über ein hohes Maß an Freizügigkeit, während anderen Gruppen durch restriktive Regelungen die

Einwanderung verwehrt wird oder sich ihre Situation im Einwanderungsland durch ein hohes Maß an Prekarität auszeichnet. Für Fluchtmigrant*innen sind bis zur Entscheidung über ihren Antrag auf Anerkennung und bei einem – keineswegs seltenen – Verbleib auch nach der Ablehnung des Antrags rechtliche Einschränkungen sowie nicht zuletzt eine aufenthaltsrechtliche Unsicherheit hinsichtlich der Zukunftsperspektive kennzeichnend.

In der einschlägigen Forschung ist auf die Bedeutung von Aufenthaltsrechten als eigenständiger Dimension sozialer Ungleichheit hingewiesen worden (Morris, 2002). Zum einen führen abgestufte Aufenthaltsrechte (in Deutschland: Duldung, Aufenthaltsgestattung, Aufenthaltserlaubnis, Niederlassungserlaubnis, Einbürgerung) Immigrant*innen zu verschiedenen Status, indem sie in Abhängigkeit von den nationalstaatlichen Gesetzen mit Zugangsregulierungen zum Bildungssystem, zum Arbeitsmarkt und zu sozialstaatlichen Leistungen einhergehen können. Zum anderen kann die Möglichkeit des Erwerbs von Rechten in Zusammenhang mit Ressourcen der Immigrant*innen wie Einkommen, Bildung, Geschlecht und sozialem Prestige stehen (Kofman, 2008). Seit einigen Jahren wird ein Prozess der zunehmenden Verschränkung sozialer und bürgerlicher Rechte mit ökonomischer Leistungsfähigkeit beobachtet. So schreiben Thomas Faist, Kerstin Schmidt und Christian Ulbricht (2016) in ihrer Bestandsaufnahme europäischer Citizenship-Konzepte:

»Wie verschiedene Autoren festgestellt haben, begünstigt das neue Sozialprojekt in Europa ein Staatsbürgerschaftsmodell, das den Einzelnen als Träger des Humankapitals privilegiert und einen engen Zusammenhang zwischen Arbeit, wirtschaftlicher Produktivität und sozialer Gerechtigkeit herstellt [...]. Das in der Sphäre des Marktes frei flottierende Individuum kann nur dann einen Vertrag mit einem Nationalstaat abschließen, wenn es zur

Gemeinschaft beiträgt und keine Belastung für das Sozialsystem darstellt« (Faist et al., 2016, S. 106 f.).

Im Sinne einer pointierten Zusammenfassung von einschlägigen Befunden lässt sich festhalten: Die globalen Mobilitätschancen werden erheblich von der Einkommensschichtung, der Verfügung über arbeitsmarktrelevante Qualifikationen, der Herkunftsstaatsbürgerschaft der Migrant*innen sowie der Geschlechtszugehörigkeit beeinflusst (Buckel, 2013; Mau u. Brabandt, 2011; Scherschel, 2015). Dies etabliert Ungleichheiten zwischen Eliten, die über privilegierte Migrationsmöglichkeiten verfügen, und denjenigen, die sowohl in ihren Herkunftsländern benachteiligt sind als auch über geringere Migrationschancen verfügen. Damit tragen der Umgang der Nationalstaaten mit Einwanderungs- und Aufenthaltsrechten sowie die differenzierte Zuteilung sozialer und bürgerlicher Rechte an unterschiedliche Migrant*innengruppen zur Reproduktion globaler und innergesellschaftlicher Ungleichheiten bei.

Voraussetzung für migrationspolitische Steuerungsversuche ist die Kontrolle der nationalen und europäischen Grenzen. Dies geschieht u. a. durch einen Ausbau von Überwachungsmaßnahmen, der europäischen Grenzschutzagentur Frontex sowie technischer Maßnahmen der Grenzsicherung, die illegale Grenzübertritte verhindern sollen, durch Externalisierungsstrategien wie Abkommen mit Herkunfts- und Transitländern, durch flexible Grenzarrangements, wodurch Kontrollen im Inneren (mobile Personenkontrollen) ermöglicht werden, sowie durch transnationale Kooperationen bei der Identitätsfeststellung, dem Aufbau von Datenbanken und dem Datenaustausch (s. dazu u. a. Baumann, Lorenz u. Rosenow, 2011; Hess u. Kasparek, 2010; Hess et al., 2016; Vollmer, 2019).

4 Wer gilt als Flüchtling?

In Klassifikationen, mit denen soziale Gruppen unterschieden werden, verdichten sich zu einem gegebenen Zeitpunkt gesellschaftliche Ordnungsvorstellungen. Wenn jeweilige Klassifikationen als Ordnungsmuster gesellschaftlich etabliert sind, dann werden sie zur wirksamen Grundlage politischer und medialer Kommunikation, politischer Entscheidungen und rechtlicher Festlegungen. Sie begründen im Fall von Migration Entscheidungen über die Aufnahme oder Ablehnung von Migrant*innen sowie etwa auch die Durchsetzung rechtlicher Urteile durch Deportationen (De Genova u. Peutz, 2010; Ellermann, 2009; Kersting u. Leuoth 2019; Scherr, 2015b; Scherr, 2018a; Scherr, 2019; Scherschel, 2011).

Die Kategorie »Flüchtlinge« ist für die Soziologie der Zwangsmigration deshalb von zentraler Bedeutung, weil mit ihr diejenige Teilgruppe bezeichnet wird, der politisch und/oder rechtlich Ursachen und Gründe der Migration zugeschrieben werden, die einen legitimen Anspruch auf Aufnahme und Schutz begründen. Sie etabliert damit eine folgenreiche Unterscheidung zu denjenigen, denen zwar durchaus auch nachvollziehbare Gründe für die Migration zugestanden werden – so etwa dann, wenn sie als Armuts- oder Wirtschaftsmigrant*innen betrachtet werden, deren Migration durchaus durch gravierende Notlagen begründet sein kann –, welche jedoch nicht als akzeptable Begründungen für ein legales Anrecht auf Zuwanderung gelten. Der Begriff »Flüchtling« ist daher eine Festlegung mit weitreichenden Konsequenzen: Er schreibt einem Teil derjenigen, die sich gezwungen sehen, ihr Herkunftsland zu verlassen, ein Recht auf Schutz zu, das anderen verweigert wird, die nicht als Flüchtlinge anerkannt werden. Die internationale Forschung hat immer wieder darauf hingewiesen, dass diese Unterscheidung problematisch ist. Andrew E. Shacknove stellte diesbezüglich schon 1985 treffend fest:

»Eine zu enge Vorstellung vom ›Flüchtling‹ wird dazu beitragen, dass unzähligen Menschen unter schwierigen Umständen der internationale Schutz verweigert wird [...]. Ironischerweise ist der Flüchtlingsstatus für viele Menschen, die kurz vor einer Katastrophe stehen, eine privilegierte Position. Im Gegensatz zu anderen mittellosen Menschen hat der Flüchtling Anspruch auf viele Formen der internationalen Hilfe, einschließlich materieller Hilfe, Asyl und dauerhafter Umsiedlung« (Shacknove, 1985, S. 276).

Historische Untersuchungen und soziologische Analysen kommen übereinstimmend zum Ergebnis, dass die Kriterien, nach denen Flüchtlinge von anderen Migrant*innen unterschieden werden, keineswegs Ergebnis einer logischen Ableitung aus universalistischen moralischen Prinzipien sind, sondern dass ihnen gesellschaftliche Aushandlungsprozesse zugrunde liegen:

»Die Bereitschaft, Schutz zu gewähren, war und ist stets ein Ergebnis vielschichtiger Prozesse des gesellschaftlichen Aushandelns zwischen Individuen, kollektiven Akteuren und (staatlichen) Institutionen, die je spezifische Interessen und Argumente vorbringen. Die Frage, wer unter welchen Umständen als Flüchtling oder Vertriebener verstanden wurde und wem in welchem Ausmaß Schutz oder Asyl zugebilligt werden sollte, ist mithin immer wieder neu diskutiert worden« (Oltmer, 2016b, S. 20).

4.1 Gegenwärtige Fluchtdynamiken

Eine wichtige Grundlage politischer und medialer Thematisierungen von Flucht sind die Daten, die durch den

UNHCR (United Nations High Comissioner for Refugees, Flüchtlingshilfswerk der Vereinten Nationen) und die IOM (International Organization for Migration) publiziert werden. Diese Daten sind das Resultat eines komplexen Erfassungssystems, das beansprucht, einen bestimmten Typus der Migration, der als »forced displacement« klassifiziert wird, zu erfassen und zu bearbeiten. Grundlage dafür ist eine Unterscheidung von Teilgruppen von Zwangsmigrant*innen; der UNHCR z. B. differenziert in seinen Zählungen gemäß folgender Klassifikation: »Refugees, Asylum-seekers, Returned Refugees (Repatriation), Internally Displaced Persons (IDPs), Returned IDPs, Persons under UNHCR's statelessness mandate, Other groups or persons of concern« (UNHCR, 2013). Die Schwierigkeit der Abgrenzung zwischen solchen Teilgruppen sowie die Tatsache, dass ein Teil der Zwangsmigrant*innen gar keinen Asylantrag stellt, da sie sich entweder unregistriert in den Aufnahmeländern aufhalten oder aber als Arbeitsmigrant*innen eingereist sind, führen dazu, dass es sich bei den publizierten Zahlen eher um eine fundierte Schätzung als um tatsächlich valide Daten handelt. Gleichwohl sind diese Zahlen die alternativlose Grundlage politischer, medialer und wissenschaftlicher Diskurse.

In den Statistiken der IOM wurden Ende 2017 weltweit 257,7 Millionen Menschen als Migrant*innen erfasst (IOM, 2019). Die Zahl der Menschen, die vor Krieg, Konflikten und Verfolgung fliehen, hat laut UNHCR bis dato ein einmaliges Ausmaß erreicht: »Mitte 2018 waren 68,5 Millionen Menschen weltweit auf der Flucht. Im Vergleich dazu waren es Ende 2016 65,6 Millionen Menschen und vor zehn Jahren 37,5 Millionen Menschen« (UNHCR, 2018a). Dabei handelt es sich bei ca. zwei Dritteln um Binnenflüchtlinge innerhalb ihres jeweiligen Herkunftsstaates. Der UNHCR liefert in seinem jährlich erscheinenden Bericht »Global Trends« umfangreiche Statistiken zu Flucht und Asyl. Für 2017 liegen für 147 Länder Daten zur Verteilung von Geflüchteten nach Geschlecht und Alter vor, wobei bei der Interpretation dieser Daten berücksichtigt werden muss, dass sie nicht alle Fliehenden weltweit, sondern nur die abbilden, deren statistische Erfassung möglich war. Folgt man diesen Daten, dann waren 2017 fast 50 % der weltweit sich auf der Flucht befindenden Menschen[13] Frauen (UNHCR, 2018b, S. 59). Je nach Weltregion variiert allerdings deren Anteil: Während in Afrika und im Nahen Osten rund 50 % der Flüchtenden weiblich sind, ist der Anteil in Europa mit 39 % weitaus geringer (Çalışkan, 2018, S. 12; Krämer u. Scherschel, 2018). Als im Jahr 2017 wichtigste Aufnahmestaaten für grenzüberschreitende Flüchtlinge werden durch den UNHCR-Bericht die Türkei (3,5 Millionen), Pakistan (1,4 Millionen), Uganda (1,4 Millionen), Libanon (998.900), Iran (979.400), Deutschland (970.400) und Bangladesch (932.200) genannt (UNHCR, 2018b, S. 3). Für die innerafrikanische Zwangsmigration sind aber auch Südafrika und Kenia wichtige Aufnahmeländer. In Kenia lebten 2017 ca. 430.000 Flüchtlinge (s. UNHCR, 2018b, S. 65), und mit Dabaad existiert dort eines der weltweit größten Flüchtlingslager, in dem ca. 235.000 Menschen registriert sind (s. UNHCR, 2019a). Für Südafrika gehen manche einheimische Expert*innen aktuell sogar von einer Population von über drei Millio-

---

13 Diese Prozentzahl bezieht sich auf die sogenannte »refugee population« (»Flüchtlingsbevölkerung«). Laut UNHCR umfasst diese »seit 2007 […] auch Menschen in einer flüchtlingsähnlichen Situation, von denen die meisten zuvor in der Gruppe ›Sonstige Betroffene‹ enthalten waren. Diese Unterkategorie hat beschreibenden Charakter und umfasst Gruppen von Personen, die sich außerhalb ihres Herkunftslandes oder -gebiets befinden und die ähnlichen Schutzrisiken ausgesetzt sind wie Flüchtlinge, für die jedoch aus praktischen oder anderen Gründen der Flüchtlingsstatus nicht festgestellt wurde« (UNHCR, 2013).

nen Zwangsmigrant*innen aus; allerdings ist diese Zahl umstritten (s. Stupart, 2018).

Nur knapp 9 % der von den Vereinten Nationen registrierten Flüchtlinge und Asylbewerber*innen werden von den sechs weltweit stärksten Volkswirtschaften USA, China, Japan, Deutschland, Frankreich und Großbritannien aufgenommen (OXFAM, 2016), 85 % der Flüchtenden leben hingegen im globalen Süden (UNHCR, 2018b, S. 15). Zwei Drittel der Geflüchteten in den Aufnahmeländern kommen aktuell aus lediglich fünf Ländern: Syrien, Afghanistan, Somalia, Myanmar und Südsudan (UNHCR, 2018b, S. 3).

Ban Ki-Moon, ehemaliger Generalsekretär der Vereinten Nationen, kommentierte 2016 den drastischen Anstieg der Zahl von Menschen, die global geflohen oder auf der Flucht sind, mit folgenden Worten: »Wir stehen vor der größten Flüchtlings- und Vertreibungskrise unserer Zeit. Das ist jedoch nicht nur eine Krise der Zahlen, sondern vor allem auch eine Krise der Solidarität« (UN, 2016).

4.2 Der Flüchtlingsbegriff: eine politische Kategorie

Die Annahmen, die in den Flüchtlingsbegriff eingehen und mit denen Flüchtlinge von sonstigen Migrant*innen unterschieden werden, kann eine Soziologie der Flucht und Zwangsmigration nicht schlicht als unproblematische Ausgangspunkte für die eigene Forschung in Anspruch nehmen. Denn es handelt sich um problematische und folgenreiche Festlegungen. Zur Begründung kann auf diese Aspekte verwiesen werden:

»Nicht nur aufgrund der Wirkungsmächtigkeit der Flüchtlingskategorie, sondern ganz grundsätzlich kann sozialwissenschaftliche Flüchtlingsforschung politische und rechtliche Definitionen ihres Gegenstandes nicht voraussetzen. Vielmehr hat sie diese zu reflektieren und eigenständig zu begründen, mit welchen Maßstäben sie Flüchtlinge von sonstigen Migranten unterscheidet. [...] Eine sozialwissenschaftliche Auseinandersetzung mit dem Flüchtlingsbegriff ist kein wissenschaftlicher Selbstzweck und auch nicht allein wissenschaftsintern bedeutsam. Sie kann vielmehr auch dazu beitragen, die Begrenzungen der Anerkennung von Schutzbedürftigkeit infrage zu stellen, die aus den geltenden rechtlichen und politischen Festlegungen resultieren. Ohnehin sind sozialwissenschaftliche Bestimmungen des Flüchtlingsbegriffs – oder der Verzicht darauf – nicht nur wissenschaftlich, sondern auch politisch und rechtlich folgenreich. Denn das, was sozialwissenschaftlich über den Flüchtlingsbegriff gesagt oder nicht gesagt wird, trägt – auch unabhängig davon, ob damit ausdrücklich kritische Intentionen verfolgt werden oder nicht – zur Legitimation oder Delegitimation politischer und rechtlicher Festlegungen bei« (Scherr, 2015c).

Im historischen Rückblick werden Rahmenbedingungen der Entstehung der Kategorie »Flüchtling« deutlich. Noiriel (2016) zeigt in seiner Studie zur Geschichte des Asylrechts, wie Flucht und Asyl im 19. Jahrhundert mit der Durchsetzung nationalstaatlicher Ordnungen zum Gegenstand staatlicher Erfassung und Kontrollbemühungen wurden. Gatrell (2013) rekonstruiert die Herausbildung eines modernen Flüchtlingsregimes im 20. Jahrhundert, durch das »der moderne Flüchtling als ein ›Problem‹ konstruiert wurde, das einer ›Lösung‹ zugänglich ist« (Gatrell, 2013, S. 5; s. dazu auch Noiriel, 2016). Oltmer (2016b) stellt die Bedeutung des historisch neuen Phänomens der »Massengewaltmigrationen« in Folge des Ersten Weltkriegs heraus: »Die Vergabe eines Schutzstatus verweist auf die Akzeptanz von Menschenrechten und der Verpflichtung zur Hilfeleistung unabhängig von nationaler, politischer und sozialer Herkunft. Erst im Jahrhundert der Massengewaltmigrationen, das mit dem Ersten Weltkrieg beginnt, haben sich ausdifferenzierte internationale, regionale, nationale und lokale Regime des Schutzes von Flüchtlingen etabliert« (Oltmer, 2016b, S. 20).

Die beiden Weltkriege lösten massenhafte Fluchtbewegungen aus, im Zuge des Zweiten Weltkrieges waren hiervon in Europa Schätzungen zufolge 60 Millionen Flüchtlinge, Vertriebene und Deportierte betroffen, mithin mehr als 10 % der damaligen Bevölkerung des Kontinents (Oltmer, 2016b, S. 19). Auch Liisa Malkki argumentiert in ihrem wegweisenden kulturanthropologischen Beitrag »Refugees and Exile: From ›Refugee Studies‹ to the National Order of Things« (1995), dass von einem engen Zusammenhang zwischen Krieg, Vertreibung und der Herausbildung einer eigenständigen Kategorie »Flüchtlinge« auszugehen ist: »Soweit feststellbar, wurden im aufkommenden Zweiten Weltkrieg in Europa bestimmte Schlüsseltechniken für das Management von Vertreibungen von Menschen zunächst standardisiert und dann globalisiert. Das bedeutet nicht, dass es vor dem Zweiten Weltkrieg keine Flüchtlinge oder Techniken zu ihrer Bewältigung gab […]. Die Menschen haben immer Schutz und Zuflucht gesucht. Aber ›der Flüchtling‹ als besondere soziale Kategorie und Rechtsproblem von globaler Bedeutung existierte vor dieser Zeit nicht vollständig in seiner modernen Form« (Malkki, 1995, S. 498).

Die Herausbildung der Flüchtlingskategorie ist, so betrachtet, eine Folge der globalen Territorial- und Machtkonflikte zwischen Staaten in einer zunehmend durchstaatlichten Welt, in der Staaten zugleich die Zuständigkeit für Vertriebene zufällt. Zu einer völkerrechtlich verbindlichen Festlegung des Flüchtlingsbegriffs kam es mit der 1951 verabschiedeten Genfer Flüchtlingskonvention. Diese stellte eine politische Reaktion auf die Folgen der Weltkriege und des Nationalsozialismus dar (Gatrell, 2013, S. 89 ff.).

Europa beherbergte Millionen von Flüchtlingen und Vertriebenen, die Nazideutschland als Zwangsarbeiter*innen eingesetzt hatte. Die Debatten um den Flüchtlingsbegriff sowie um das Asylrecht der Allgemeinen Erklärung der Menschenrechte 1948 wurden auch durch die Erfahrung der Vernichtung der europäischen Juden und des Versagens der Staaten geprägt. Die mangelnde Kooperation und die fehlende Bereitschaft, Vereinbarungen zu treffen, hatten verhindert, dass »weit mehr Juden die Flucht an einen sicheren Ort« ermöglicht worden war (Gatrell, 2016, S. 27).

Der Geltungsbereich der Genfer Konvention von 1951 erstreckte sich zunächst nur auf Flüchtlinge innerhalb Europas. Auf außereuropäische Regionen ausgeweitet wurde sie dann im Protokoll über die Rechtsstellung der Flüchtlinge vom 31. Januar 1967. Schlüsselelement ist eine spezifische Definition des Flüchtlingsbegriffs. Diese ist die bis heute einflussreichste Definition und steht im Zentrum des internationalen Menschenrechts- und Fluchtregimes. Als Flüchtling wird dort eine Person gefasst, die »aus der begründeten Furcht vor Verfolgung wegen ihrer Rasse, Religion, Nationalität, Zugehörigkeit zu einer bestimmten sozialen Gruppe oder wegen ihrer politischen Überzeugung sich außerhalb des Landes befindet, dessen Staatsangehörigkeit sie besitzt, und den Schutz dieses Landes nicht in Anspruch nehmen kann oder wegen dieser Befürchtungen nicht in Anspruch nehmen will; oder die sich als staatenlose infolge solcher Ereignisse außerhalb des Landes befindet, in welchem sie ihren gewöhnlichen Aufenthalt hatte, und nicht dorthin zurückkehren kann oder wegen der erwähnten Befürchtungen nicht dorthin zurückkehren will« (UNHCR, 1951/2015, S. 6).

Auf die damit vorgenommene Konditionierung der Flüchtlingseigenschaft gehen wir im Weiteren noch ein (s. u.). In einer soziologischen Perspektive kann zunächst argumentiert werden, dass es sich ersichtlich um Fest-

legungen handelt, für die nicht Bewertungen der Schutzbedürftigkeit von Menschen entscheidend sind, sondern
Annahmen darüber, welche Ursachen von Migration für
die Anerkennung als Flüchtling qualifizieren; zudem wird
das Verlassen des Herkunftslandes als Bedingung gesetzt,
was als Ausdruck einer zwischenstaatlichen Anerkennung
der Souveränität der Nationalstaaten betrachtet werden
kann (s. Marfleet, 2006). Darin wird deutlich, dass der
Flüchtlingsbegriff der Genfer Konvention keineswegs als
eine Infragestellung nationalstaatlicher Souveränität zu
verstehen ist, sondern diese anerkennt und bestätigt. Der
»gewöhnliche Nationalismus« (s. Kapitel 3) wird dadurch
also nicht grundsätzlich überwunden, sondern nur relativiert, indem begrenzte Verpflichtungen von Staaten auch
für diejenigen Nicht-Staatsbürger*innen anerkannt werden, die nach Maßgabe dieser Definitionen als »wirkliche«
Flüchtlinge gelten.

Dass es sich keineswegs um eine alternative Fassung
des Flüchtlingsbegriffs handelt, sondern um ein Ergebnis
politischer Festlegungen, zeigt sich etwa darin, dass die
1969 verabschiedete Flüchtlingskonvention der Afrikanischen Union (»Convention Governing the Specific
Aspects of Refugee Problems in Africa«) von einem weiter gefassten Flüchtlingsbegriff als die Genfer Konvention
ausgeht. Deren Bestimmungen werden dort um folgenden
Aspekt ergänzt:

»Der Begriff ›Flüchtling‹ gilt auch für jede Person, die
aufgrund von äußerer Aggression, Besetzung, Fremdherr-
schaft oder von Ereignissen, die die öffentliche Ordnung
in einem Teil oder der Gesamtheit ihres Herkunftslandes
oder seiner Nation ernsthaft stören, gezwungen ist, ihren
gewöhnlichen Aufenthaltsort zu verlassen, um an einem
anderen Ort außerhalb des Herkunftslandes oder seiner
Nation Schutz zu suchen« (OAU, 1969, Art. 1.2).

4.3 Die Selektivität des Flüchtlingsbegriffs

Eine zentrale Problematik des Flüchtlingsbegriffs der Genfer Konvention und seiner Entsprechungen im europäischen und deutschen Flüchtlingsrecht besteht darin, dass er nur politische Verfolgung und als verfolgungsadäquat bewertete Tatbestände als Migrationsursachen akzeptiert, die Menschen als Flüchtlinge qualifizieren. Zwar gilt im europäischen Recht auch Verfolgung durch nicht-staatliche Akteur*innen als politische Verfolgung, sofern angenommen wird, dass Staaten nicht willens oder nicht in der Lage sind, Verfolgung durch nicht-staatliche Akteur*innen zu unterbinden (Rabe, 2018; Tiedemann, 2014, S. 32 ff.). Wirtschaftliche und soziale Notlagen bleiben jedoch – und das ist für Flüchtlingspolitik und Flüchtlingsrecht von zentraler Bedeutung – als mögliche Fluchtursachen nach wie vor ausgeschlossen. Auch Kriegs- und Bürgerkriegsflüchtlinge sind keine Flüchtlinge im Sinne der Genfer Konvention und erhalten deshalb nur einen nachrangigen Schutzstatus.

Die Konvention enthält, im Unterschied zum gegenwärtigen europäischen Flüchtlingsrecht, auch keine Verweise auf geschlechtsspezifische Verfolgung. Dieser Androzentrismus der Flüchtlingsdefinition wurde früh aus feministischer Perspektive kritisiert (vgl. Greatbatch, 1989). Dabei wird argumentiert, dass das eigentliche Problem nicht im Fehlen der geschlechtsbezogenen Verfolgung als Fluchtgrund in der Flüchtlingsdefinition bestehe, sondern im »männlichen Paradigma« bei der Auslegung der Konvention: Westliche Rechtssysteme nähmen eine Trennung in eine öffentliche und eine private Sphäre vor (Brabandt, 2011, S. 54); während die öffentlich-politische Sphäre als männliche Domäne gelte, werde die privat-unpolitische mit dem Weiblichen assoziiert. Dies führe nicht nur dazu, dass Frauen nicht als politische Akteurinnen wahrgenommen würden, sondern habe auch zur Folge, dass solche

Fluchtgründe, die insbesondere Frauen beträfen, nicht als Verfolgung im Sinne der Genfer Flüchtlingskonvention verstanden würden (s. Indra, 1987; Markard, 2007, S. 377 f.).

Marfleet (2006) interpretiert die Einschränkungen der Flüchtlingsdefinition als Folge absichtsvoller politischer Festlegungen:

»Die Konvention sah den Flüchtling als eine Person an, der bestimmte bürgerliche und politische Rechte verweigert wurden: […] Sie betrachtete Flüchtlinge als Opfer repressiver, totalitärer Regime, was zur Folge hatte, dass die Schuldigen östlich des Eisernen Vorhangs zu finden waren. Es war nicht beabsichtigt, Flüchtlinge im Allgemeinen, Gruppen von Vertriebenen oder Personen, die vor internationalen oder internen Konflikten fliehen, aufzunehmen« (Marfleet, 2006, S. 146).

Offenkundig werden also keineswegs alle Ursachen erzwungener Migration als Fluchtgründe in der Konvention berücksichtigt.

Der Grund dafür, dass an einer eng begrenzten Fassung des Flüchtlingsbegriffs festgehalten wird, obwohl klar ersichtlich ist, dass damit einem großen Teil der globalen Zwangsmigrant*innen die Anerkennung als Flüchtlinge verweigert wird, war und ist die Befürchtung, dass eine Erweiterung zu einer unkontrollierbaren Massenwanderungsbewegung in die wohlhabenden Staaten des globalen Nordens führen würde, die verhindert werden soll (Bauman, 2008; Hammerstad, 2014). Nachweisbar war dieses Kalkül bereits 1948 in den Debatten um die Fassung des Asylrechts in der Allgemeinen Erklärung der Menschenrechte. Deshalb wurde dort der Vorschlag, eine Verpflichtung von Staaten auf die Aufnahme von Flüchtlingen zu verankern, zurückgewiesen und in Artikel 14 nur der individuelle Anspruch verankert, »in anderen Ländern vor Verfolgung Asyl zu suchen und zu genießen« (AEMR, Art. 14; Fassbender, 2009, S. 115 f.; s. auch Schmalz, 2017,

S. 15 f.). Damit korrespondiert das völkerrechtliche Prinzip, dass jede/r das Recht hat, das eigene Herkunftsland zu verlassen, während im Völkerrecht und in der Allgemeinen Erklärung der Menschenrechte keine Verpflichtung von Zielstaaten verankert ist, Migrant*innen aufzunehmen (Offe, 2011).

Sowohl die Genfer Konvention selbst als auch ihre erweiterte Fassung im europäischen Flüchtlingsrecht bieten also keine Grundlage dafür, um Aufnahme und Schutz für alle zu gewährleisten, die als Zwangsmigrant*innen zu betrachten sind. Es bestehen gegenwärtig jedoch keinerlei Aussichten, ein erweitertes Verständnis legitimer Fluchtgründe völkerrechtlich gegen die Interessenkalküle von Nationalstaaten durchzusetzen.

4.4 Selektivität im Asylverfahren

Die Bestimmungen der Genfer Konvention und des europäischen Flüchtlingsrechts etablieren für die nationale Politik und die Rechtsprechung erhebliche Interpretationsspielräume. Zudem ist es in den Asylverfahren der Behörden und Gerichte erforderlich, komplexe Abwägungen auf der Grundlage der Vorgaben des internationalen, europäischen und nationalen Rechts vorzunehmen, die vorgetragenen Fluchtgründe zu gewichten, die Glaubwürdigkeit der Darstellung von Fluchtgründen einzuschätzen und das Vorliegen von Abschiebehindernissen zu überprüfen, um zu rechtskonformen Entscheidungen zu gelangen. Das Wissen, das solchen Entscheidungen zugrunde liegt, wird zum Teil durch Mitarbeiter*innen, die in staatlichen Institutionen Verfahren bearbeiten, selbst produziert. Dies kann zu einer fragwürdigen Selektivität der Wissensgrundlage führen, worauf u. a. in einer soziologischen Analyse ablehnender Asylbescheide hingewiesen worden ist (Scherr, 2015b; s. auch Reiling u. Mitsch, 2017).

Die rechtlichen Interpretationsspielräume führen bei Flüchtlingen aus gleichen Herkunftsländern zu höchst unterschiedlichen Anerkennungsquoten in den europäischen Staaten; so wurden 2015 z. B. in Spanien 91 %, in Deutschland 73 % und in den Niederlanden 53 % aller Flüchtlinge aus Afghanistan anerkannt (s. dazu Burmann u. Valeyatheepillay, 2017). Diesbezüglich kann angenommen werden, dass diese differierenden Anerkennungsquoten durch im jeweiligen nationalen Kontext gesellschaftlich dominante Einstellungen gegenüber Flüchtlingen sowie Diskurse über die Situation in den Herkunftsländern beeinflusst werden. Eine problematische Folge davon wird von Expert*innen darin gesehen, dass die Anerkennung als Flüchtling somit wesentlich auch davon abhängt, wo der/die Geflüchtete veranlasst ist, sein/ihr Asylverfahren durchzuführen: »Die unterschiedlichen Anerkennungsquoten von Flüchtlingen in den EU-Mitgliedstaaten sind sehr bedenklich. Für Flüchtlinge ist es – je nachdem, in welchem Land sie einen Asylantrag stellen – nach wie vor eine Schutzlotterie«, so im April 2016 die damalige Vorsitzende des Sachverständigenrats deutscher Stiftungen für Integration und Migration, Christine Langenfeld, in einem Artikel der Wochenzeitung »Die Zeit« (Maisch, 2016). Nachdem erheblich unterschiedliche Anerkennungsquoten für Flüchtlinge selbst in den verschiedenen Bundesländern bekannt geworden waren, kritisierte beispielsweise auch die seinerzeitige flüchtlingspolitische Sprecherin der Grünen, Luise Amtsberg, dass damit rechtstaatliche Prinzipien infrage gestellt würden (s. Maisch, 2015). Amtsbergs Kritik zielt darauf, dass die Kriterien, nach denen politisch-administrative Klassifikationen und Selektionen stattfinden und die gegebenenfalls zur Anerkennung als Flüchtling im Asylverfahren führen, nicht einheitlichen und transparenten Richtlinien folgen. Rechtssoziologisch betrachtet ist dazu anzumerken, dass eine idealisierte Vorstellung des Rechts, die davon ausgeht, rechtliche Entscheidungen seien unabhängig von den rechtsdurchsetzenden Institutionen und Personen und würden auch nicht von jeweiligen politischen und medialen Diskursen beeinflusst, der Rechtsrealität nicht gerecht wird.

Mittlerweile liegen einige empirische Studien vor, die sich näher mit den Wissensbildungs- und Selektionsprozessen in Asylverfahren befassen. So untersucht Karin Schittenhelm (2015) die Wissensbestände von Mitarbeiter*innen des Bundesamtes für Migration (BAMF) in Deutschland, die für die Bearbeitung von Asylverfahren zuständig sind, und zeigt auf, welche Deutungsmuster zu Asylsuchenden und deren Anträgen sich aufseiten der Behörde ermitteln lassen. Dabei wird u. a. deutlich, dass Mitarbeiter*innen des BAMF bestimmte Erwartungen an die Darstellungskompetenzen von Asylbewerber*innen haben, die in die Beurteilung dessen eingehen, ob Sachverhaltsdarstellungen als glaubwürdig bewertet werden. Dies führt dazu, dass Personen mit einem höheren Bildungshintergrund in der Regel bessere Chancen haben, ihre Geschichte so zu präsentieren, dass sie überzeugend wirkt (Schittenhelm, 2015).

Eine Studie zu spanischen und britischen Asylverfahren zeigte empirisch auf, dass die Akteursroutinen des Behördenpersonals für den Verfahrensverlauf oftmals entscheidender sind als fachliche Interpretationen der Rechtsnormen (Jubany, 2011). Den Fallbearbeiter*innen steht zwar ein UNHCR-Handbuch zur Verfügung, das Richtlinien zur Fallbearbeitung und Rechtsauslegung enthält. In den für die Studie durchgeführten Interviews zeigte sich aber, dass die Fallbearbeiter*innen das Handbuch entweder nicht kannten oder aber es als nicht relevant für ihre Arbeit erachteten (Jubany, 2011, S. 88). Darüber hinaus spielen kulturell geprägte Interpretationsmuster des Personals eine entscheidende Rolle bei der Beurteilung von Asylgesuchen. Fallbearbeiter*innen bewerten die Fallgeschichten der Asylsuchenden oftmals auf der Basis eines für sie fraglos-selbstverständlichen Hintergrundwissens und eines impliziten berufskulturellen Wissens (vgl. dazu auch Schittenhelm, 2015). Dazu zählen stereotype Einschätzungen über den Herkunftskontext der Asylsuchenden ebenso wie Geschlechterstereotype. Ein Teil dieser Befunde wird durch die UNHCR-Studie zur Umsetzung der EU-Asylverfahrensrichtlinie APD, die Minimalstandards zur Durchführung von Asylverfahren benennt und auf der »Council Directive 2005/85/EC« vom 1. Dezember 2005 beruht, in zwölf EU-Mitgliedstaaten gestützt (s. UNHCR, 2010). Die Studie kommt zu dem Ergebnis, dass die menschenrechtsbasierten Richtlinien in den Verfahren keine ausreichende Berücksichtigung erfahren, stattdessen wird von Schutzlücken ausgegangen.

Die skizzierten Befunde zeigen, dass im asylpolitischen Verfahren Interpretationsleistungen erbracht werden, die durch heterogene Entscheidungskriterien beeinflusst werden. Gesetzliche Festlegungen – die ihrerseits Ausdruck eines Spannungsverhältnisses zwischen universalistischen Prinzipien und nationalstaatlichen Interessen sind – sowie menschenrechtsbasierte Verfahrensrichtlinien sind keineswegs der einzige Referenzrahmen. Hinzu kommen u. a. Einschätzungen zur Situation in den Herkunftsländern, die durch politische und mediale Diskurse beeinflusst sind, sowie die Kontingenzen der Entscheidungsverfahren, etwa die lokale Verfügbarkeit qualifizierter Rechtsanwält*innen für Klagen vor Verwaltungsgerichten. Eine Flüchtlingsforschung, die eine unabhängige Expertise zu Migrationsursachen in den Herkunftsländern zur Verfügung stellen könnte, existiert nur in Ansätzen und findet in Asylverfahren bislang auch dann keine Berücksichtigung, wenn relevante Befunde vorliegen.

5 Zwangsmigration und Flucht als Konfliktfeld: Abwehr, Solidarität und Proteste von Migrant*innen

In diesem abschließenden Kapitel nehmen wir eine konfliktsoziologische Perspektive ein.[14] Wir betrachten Zwangsmigration und Flucht als ein gesellschaftspolitisches Konfliktfeld, das dadurch gekennzeichnet ist, dass die Frage, wer ein Recht auf Aufnahme und Schutz haben soll, Gegenstand gesellschaftspolitischer Auseinandersetzungen ist. Dabei befassen wir uns im Folgenden v. a. mit der Situation in Deutschland. Darüber hinausgehend ist jedoch auch darauf hinzuweisen, dass Aufnahme oder Abweisung von Zwangsmigrant*innen zugleich ein Konfliktpotenzial zwischen Herkunfts- und Aufnahmestaaten impliziert. Denn die Bereitschaft eines Staates, Flüchtende aus einem anderen Land aufzunehmen, stellt zumindest indirekt eine Kritik an der Politik des Herkunftsstaates dar. Dies wird z. B. darin deutlich, dass die Bereitschaft des damaligen Westdeutschlands, Flüchtlinge aus der seinerzeit noch existierenden DDR aufzunehmen, nicht zuletzt Ausdruck einer Kritik an der politischen Ordnung des Staatssozialismus war, oder darin, dass Flüchtlinge aus Kuba in den USA im Vergleich zu denen aus anderen lateinamerikanischen Staaten privilegiert behandelt werden.

---

14 Grundlegend für die Konfliktsoziologie ist die Annahme, dass Konflikte keine vermeidbaren Phänomene sind, sondern eine universelle soziale Tatsache und ein konstitutives Element gesellschaftlicher Prozesse; dabei wird ein Verständnis von Konflikten als soziale Probleme zurückgewiesen und demgegenüber betont, dass Konflikte zu Innovationen oder, genereller gefasst, zu positiv bewertbaren Entwicklungen führen können. Zu den theoretischen Grundlagen der Konfliktsoziologie siehe Joas und Knöbl (2013, S. 251 ff.) sowie Marchart (2013, S. 213 ff.).

Für gesellschaftliche Konflikte über die Aufnahme oder Abwehr von Zwangsmigrant*innen ist ein grundlegender Widerspruch von zentraler Bedeutung, auf den wir bereits hingewiesen haben: Mit den fortschreitenden globalen Verflechtungen in der Weltgesellschaft geht die Etablierung einer universalistischen menschenrechtlichen Moral einher; politische Ordnungen sind nach wie vor aber primär nationalstaatlich verfasst und an partikularen nationalstaatlichen Interessen orientiert. Dies führt zu einer Situation, die Bettina Heintz pointiert wie folgt charakterisiert: »Menschenrechte vermitteln heute ein eigentümlich paradoxes Bild: Sie lassen sich verletzen, aber offiziell bestreiten lassen sie sich nicht. […] Das Bekenntnis zur Achtung der Menschenrechte gehört zum Grundkanon der politischen Rhetorik« (Heintz, 2015, S. 21).

Aus der skizzierten Konstellation resultiert ein nicht auflösbarer Widerspruch zwischen der normativen Inanspruchnahme einer menschenrechtlichen Moral mit universellem Geltungsanspruch einerseits, politischen Interessenformierungen, deren Grundlage partikulare Zugehörigkeiten zu Nationalgesellschaften und damit verbundene Privilegierungen bzw. Benachteiligungen sind, andererseits (Ott, 2016a, 2016b; Scherr, 2019). Soziologisch beobachtbar sind zwei gegensätzliche Tendenzen, die versuchen, diesem Widerspruch zu entgehen: Spielarten eines radikalen Nationalismus tendieren dazu, jede Bindung von Politik an Menschenrechte infrage zu stellen; im Gegensatz dazu spricht ein rigider Moralismus Verweisen auf nationale Interessen jede Legitimität ab.

5.1 Menschenrechtliche Moral und gewöhnlicher Nationalismus

Die Gründung der Vereinten Nationen (UNO) 1945 und die Erklärung der Allgemeinen Menschenrechte 1948 leiteten die Institutionalisierung einer internationalen Menschenrechtsordnung ein. Dabei führt die konstitutive Unbestimmtheit der Menschenrechte – es handelt sich um eine Deklaration allgemeiner normativer Grundsätze – bis heute dazu, dass diese für unterschiedliche politische Programmatiken als Legitimationsgrundlage beansprucht werden können. Mit der Einrichtung des Hochkommissariats der Vereinten Nationen für Flüchtlinge (UNHCR) 1950 und der internationalen Adaption der Genfer Flüchtlingskonvention im Protokoll über die Rechtsstellung der Flüchtlinge von 1967 wurde ein Flüchtlingsregime mit theoretisch globalem Geltungsanspruch völkerrechtlich verankert (vgl. Kapitel 4); Einschränkungen dieses Geltungsanspruchs in der Praxis resultieren u. a. daraus, dass bislang nur 148 der 193 UN-Mitgliedsstaaten die Konvention unterschrieben haben; zu den Nicht-Unterzeichnerstaaten gehören z. B. Indien, Pakistan und Saudi-Arabien.

Menschenrechte fordern im Kontext von Migrationspolitik nationalstaatliche Souveränitätsansprüche dadurch heraus, dass sie Individuen zu »partiellen Völkerrechtssubjekten« (Koenig, 2005a, S. 53) machen. Dies begründet zwar keinen Rechtsanspruch von Flüchtenden auf Aufnahme durch einen bestimmten Staat. Es wird jedoch eine normative Rahmung etabliert, die staatliche Politiken der Migrationskontrolle nicht beliebig ignorieren können und die unter bestimmten Bedingungen auch rechtlich gegen Staaten durchgesetzt werden kann.[15] In dem Maße, wie die Anerkennung menschenrechtlicher und völkerrechtlicher Prinzipien zu einem Bestandteil des politischen Selbstverständnisses von Nationalgesellschaften und ihrer Rechtsordnungen geworden ist, entsteht zudem

---

15 Einen Überblick über aktuelle Verfahren beim Europäischen Gerichtshof für Menschenrechte hat Hoffmann (2018) zusammengestellt.

eine Legitimationsproblematik für solche Politiken, die auf eine Begrenzung oder Verweigerung der Aufnahme von Flüchtlingen ausgerichtet sind. Aufgrund der territorialen Bindung des Rechts hat dies in Europa dazu geführt, dass versucht wird, Möglichkeiten der Inanspruchnahme von Rechten durch eine exterritoriale Abwehr von Migrant*innen auszuhebeln (Endres de Oliveira, 2016). Der sogenannte »Türkei-Deal« und bilaterale Abkommen zur Migrationskontrolle mit Staaten außerhalb Europas stehen exemplarisch für diese Politik der Externalisierung.

Die Menschenrechtsidee ist gesellschaftlich aber nicht nur als formal-rechtliches, sondern auch als normativ-moralisches Projekt bedeutsam. Dies ermöglicht es, dass Zuwanderungsbegrenzungen dann moralisch skandalisierbar sind, wenn es gelingt, sie als Verstoß gegen Prinzipien einer menschenrechtlichen Moral darzustellen. Als normativ-politisches Projekt können die als nicht hintergehbar verstandenen Menschenrechte von Migrant*innen und zivilgesellschaftlichen Initiativen genutzt werden, um Forderungen nach Aufnahme und Schutz in einer Weise moralisch zu begründen, die über die Bestimmungen des kodifizierten Rechts hinausgehen. So hat z. B. die in Deutschland einflussreiche Nichtregierungsorganisation (NGO) Pro Asyl wiederkehrend Kampagnen durchgeführt, in denen ein Verständnis von Flüchtlingsrechten als Menschenrechten zentrale Grundlage der Kritik an der etablierten Flüchtlingspolitik ist (s. z. B. Pro Asyl, 2019).

Die Bezugnahme auf ein über das kodifizierte Recht hinausgehendes Verständnis von Menschenrechten als moralischen Prinzipien ermöglicht es, die Legitimität rechtsstaatlich legaler und juristisch betrachtet auch menschenrechtskonformer Praktiken der Migrationskontrolle zu bestreiten. Dieser Protest kann unterschiedliche Formen annehmen (etwa: Demonstrationen, Unterschriftensammlungen, kritische Kommentierungen, Publikationen) und

Praktiken wie illegale Grenzübertritte und Widerstände gegen Abschiebungen beinhalten, die darauf zielen, eine Durchsetzung staatlicher Migrationsregime zu erschweren. Solche Widerstände werden ihrerseits durch staatliche Politik beobachtet, was in Deutschland nachweisbar zur Entwicklung einer politischen Strategie geführt hat, die darauf ausgerichtet ist, Solidarisierungen mit Flüchtlingen zu erschweren (Scherr, 2017). So ist z. B. die zulässige Dauer des Aufenthalts in Erstaufnahmeeinrichtungen ausgeweitet worden, um die Entstehung sozialer Beziehungen zu erschweren, die deutsche Staatsbürger*innen zu Widerständen gegen Abschiebungen von Geflüchteten motivieren können, die sie persönlich kennengelernt haben.

Zentrale Legitimationsgrundlage einer auf Migrationskontrolle ausgerichteten Politik ist demgegenüber der Verweis auf national definierte Eigeninteressen in Verbindung mit einem Nationalismus, der von einer als nicht begründungsbedürftig geltenden »Priorität für die Interessen von Landsleuten« (Pogge, 2011, S. 152) ausgeht (vgl. Kapitel 3). Es geht in unterschiedlichen Spielarten des Nationalismus um mehr oder weniger rigide gefasste Beschränkung politischer Verantwortlichkeit und moralischer Zuständigkeit für die Bürger*innen der eigenen Nation.

Die Wirkungsweise des »gewöhnlichen Nationalismus« (Pogge, 2011, S. 150 ff.) und vergleichbarer Ideologien besteht dabei nicht in der prinzipiellen Infragestellung, sondern in der Begrenzung der Reichweite von universalistischen Prinzipien zugunsten partikularer Präferenzen. In einem grundlegenden Aufsatz zur Philosophie der Menschenrechte argumentiert Richard Rorty (2003) in Übereinstimmung hiermit, dass die zentrale Grundlage zahlreicher moralisch verwerflicher Praktiken nicht in der Unkenntnis oder Ablehnung moralischer Prinzipien zu sehen sei, sondern in der Begrenzung der Reichweite unserer moralischen Zuständigkeit und Verantwortlichkeit.

Vor diesem Hintergrund kommt Rorty zu der Folgerung: »Denn alles hängt davon ab, wer überhaupt als Mitmensch gilt: als handelndes Vernunftwesen im einzig relevanten Sinne, nämlich in dem Sinne, in dem vernünftiges Handeln gleichbedeutend ist mit der Zugehörigkeit des Betreffenden zu unserer moralischen Gemeinschaft« (Rorty, 2003, S. 256). Das zentrale Erfordernis moralischer Lernprozesse besteht seines Erachtens folglich darin, »den Sinn für die moralische Gemeinschaft so weit zu fassen, dass er über die eigene Familie, die eigene Sippe oder den eigenen Stamm hinausreicht« (Rorty, 2003, S. 256 f.).

Proteste gegen etablierte Flüchtlingspolitik sowie Formen der zivilgesellschaftlichen Solidarität mit Geflüchteten können vor diesem Hintergrund als Versuche interpretiert werden, gesellschaftliche Lernprozesse anzustoßen, die auf eine Überwindung nationalistisch motivierter Begrenzungen eigener moralischer und politischer Verpflichtungen zielen.

5.2 Bevölkerungseinstellungen und zivilgesellschaftliche Solidarisierung[16]

Das Spannungsverhältnis zwischen nationalgesellschaftlicher Interessenformierung und der gesellschaftlichen Inanspruchnahme einer universalistischen menschenrechtlichen Moral zeigt sich empirisch darin, dass die Fluchtmigration nach Deutschland seit 2015 nicht nur Abwehrhaltungen ausgelöst[17], sondern in einem un-

---

16 Im Folgenden beschränken wir uns weitgehend auf eine Analyse von Konfliktdynamiken in Deutschland.

17 Die Zahl der Straf- und Gewalttaten gegen Flüchtlinge war zwischen 2013 und 2015 massiv angestiegen:»In Deutschland wurden im Jahr 2015 fünf Mal mehr Angriffe gegen Flüchtlingsunterkünfte verübt als im Jahr 2014. Wie das Bundeskriminalamt (BKA) mitteilte, gab es 2015 1.027 Angriffe gegen Flüchtlings-

erwarteten Ausmaß auch Solidaritätsbekundungen hervorgebracht hat, die von breiten Teilen der Bevölkerung unterstützt und von einer alltagsmoralisch motivierten Hilfsbereitschaft getragen wurden. Es entwickelte sich eine Praxis der gelebten Alltagssolidarität im Umfeld der Ankunftszentren, in Städten und Gemeinden (s. dazu etwa Gesemann u. Roth, 2016; Schiffauer, Eilert u. Rudloff, 2017). Diese setzt sich bis heute in einem erheblichen Umfang fort. Aus den zahlreichen spontan entstandenen Initiativgruppen und Helfer*innenkreisen haben sich inzwischen in erheblichem Umfang stabile Strukturen entwickelt (s. BIM, 2016; Kleist u. Karakayali, 2016). In zahlreichen Städten Europas gewinnt zudem das Konzept der Solidarity Cities und Sanctuary Cities an Bedeutung (s. u., Kapitel 5.4).

In den Jahren 2015, 2016 und 2017 in Deutschland durchgeführte Umfragen zeigen, dass eine Mehrheit der Anteil der Befragten ihre Bereitschaft erklärte, sich selbst für Flüchtlinge einzusetzen (Ahrens, 2017, S. 7; BMFSFJ, 2018, S. 11). Der Anteil derjenigen, die sich in diesem Zeitraum selbst aktiv engagierten, u. a. durch Sprachunterricht, Unterstützung bei Behördengängen und Hilfe bei der Wohnungssuche, lag in diesem Zeitraum bei ca. 25 % der Bevölkerung (BMFSFJ, 2018, S. 13; vgl. Ahrens, 2017, S. 41). Niedrigschwellige Formen der Unterstützung wur-

---

einrichtungen, 2014 waren es 199, 2013 lag die Zahl bei 69. Beim Großteil der Straftaten handelte es sich um Sachbeschädigung, Propaganda und Volksverhetzung, neun von zehn waren rechtsmotiviert. Einen besonders deutlichen Anstieg gab es bei Brandstiftungen und Gewalttaten. Im Jahr 2015 wurden 95 Brandanschläge gegen Flüchtlingsunterkünfte gezählt, 15 Mal mehr als 2014. Die Zahl der Gewalttaten stieg von 28 im Jahr 2014 auf 173 im Jahr 2015« (LpB, 2018). Seit 2016 ist die Zahl der Straftaten gegen Flüchtlingsunterkünfte rückläufig. Aktuelle Zahlen sind den jährlichen Berichten des Bundesinnenministeriums zur politisch motivierten Kriminalität zu entnehmen (zuletzt: BMI, 2019).

den darüber hinaus von über 40 % der Befragten als eine prinzipielle Möglichkeit für eigenes Handeln in Erwägung gezogen (Ahrens, 2017, S. 41). Eine deutliche Mehrheit (56 %) bejahte zudem noch im April 2016 die Frage »Kann Deutschland die vielen Flüchtlinge verkraften?« (Forschungsgruppe Wahlen, 2016). In den Ende 2015/Anfang 2016 erhobenen Daten des Forschungsprojekts »Zugehörigkeit und Gleichwertigkeit« findet der Satz »Jeder Flüchtling hat das Recht auf eine bessere Zukunft – auch in Deutschland« Zustimmung bei 72,9 % der Befragten (Zick u. Preuß, 2016, S. 21).

Seit 2016 vollzog sich in der öffentlichen Debatte jedoch eine Wende (vgl. Scherr, 2018b): Flüchtlinge wurden in den Medien und im politischen Diskurs zunehmend als eine gesellschaftliche Problemgruppe in den Blick gerückt, insbesondere im Hinblick auf Gewalttaten. Eine im November 2016 veröffentlichte Umfrage der Initiative Markt- und Sozialforschung kam zu dem Ergebnis, dass 70 % der Befragten der Aussage zustimmten »Deutschland sollte keine weiteren Flüchtlinge mehr aufnehmen« sowie 90 % der Aussage »Die Anzahl der in Deutschland pro Jahr aufgenommenen Flüchtlinge soll begrenzt werden« (Initiative Markt- und Sozialforschung, 2016). Zwar wurde gemäß dem »Stimmungsbarometer zu Flüchtlingen in Deutschland« die Aufnahme von Bürgerkriegsflüchtlingen und politisch Verfolgten auch Mitte 2016 noch mehrheitlich befürwortet, dagegen zeichnete sich bezüglich der Aufnahme von Flüchtlingen, die »in ihrem Heimatland keine Arbeit und kein Auskommen haben«, eine sinkende Zustimmung ab: Dies hatten im Januar 2015 noch 41 % der Befragten befürwortet, im Februar 2016 waren es dagegen nur noch 25 % (Eisnecker u. Schupp, 2016, S. 159). Mit diesen Tendenzen geht einher, dass auch die Zahl derjenigen, die sich aktiv für Flüchtlinge engagieren, mittlerweile rückläufig ist (BMFSFJ, 2018, S. 14).

5.3 Acts of Citizenship – Kämpfe um Rechte

Im wissenschaftlichen Diskurs werden politische Ausei-nandersetzungen um die Rechte von Migrant*innen als Konflikte um den Zugang zu Citizenship[18] bzw. die da-ran geknüpften Rechte in den Blick gerückt. Étienne Bali-bar geht diesbezüglich davon aus, dass »Staatsbürgerschaft nicht nur von oben gewährt, sondern auch von unten er-kämpft wird« (Balibar, 2003, S. 96). Er unterscheidet mit Blick auf die Situation der undokumentierten Migrant*in-nen in Frankreich (»sans papiers«) zwei Konzeptionen von Staatsbürgerschaft. Während die eine auf das Axiom »Gesetz ist Gesetz« poche und »die Illegitimität von Kon-flikten suggeriert« (Balibar, 2003, S. 99), versuche die an-dere, »Menschen- und Bürgerrechte, Verantwortung und politisches Engagement konkret zu artikulieren« (Balibar, 2003, S. 99). Balibar argumentiert, dass Erweiterungen des Zugangs zu Bürgerrechten »immer über Kämpfe verlau-fen sind und dass es in der Vergangenheit notwendig war, nicht nur das ›Recht der Entrechteten‹ (Rancière) zu ver-treten, sondern auch gewaltsam die Tore des Gemein-wesens zu öffnen und dieses in einer Dialektik von Kon-flikt und Solidarität immer wieder neu zu definieren« (Balibar, 2003, S. 99).

In ähnlicher Weise betonen auch Castles und Miller, dass die »Geschichte der Citizenship […] eine von Kon-flikten über den wirklichen Inhalt der Kategorie in Be-zug auf zivile, politische und soziale Rechte« gewesen sei

---

18 Wir verwenden im Folgenden den englischen Begriff »Acts of Citizenship«, da eine Übersetzung (etwa »Akte« oder »Handlun-gen der Bürger*innenschaft«) ins Deutsche den im wissenschaft-lichen Diskurs intendierten Sinn des Begriffs nur unzureichend wiedergeben würde. Denn der Begriff bezeichnet insbesondere auch Versuche einer Selbstermächtigung von Personen, die kei-ne Staatsbürger*innen sind.

(Castles u. Miller, 2009, S. 4). Heterogene soziale Bewegungen wie die Suffragetten oder die schwarze Bürgerrechtsbewegung, deren Aktionsformen aus heutiger Perspektive als damals berechtigte Formen des zivilen Widerstandes gelten und deren emanzipatorische Errungenschaften in den Geschichtsbüchern stehen, griffen zu Mitteln der politischen Artikulation, die im Widerspruch zu dem in ihrer Zeit Erlaubten standen. In den Critical Citizenship Studies – einer im angloamerikanischen, im Unterschied zum deutschen Sprachraum breit rezipierten Forschungsrichtung – werden Proteste und Kämpfe von Migrant*innen als Acts of Citizenship, als »Situationen gefasst, in denen sich Subjekte unabhängig vom Status […] selbst als Bürger*innen konstituieren« (Isin, 2008, S. 18). Damit wird die starke Bedeutung der Einforderung von Rechten für eine mögliche Veränderung des Verständnisses von Staatsbürgerschaft betont und zugleich normativ positiv akzentuiert (Isin u. Turner, 2002; Rygiel, Ataç, Köster-Eiserfunke u. Schwiertz, 2015; Nyers, 2010; Isin u. Nielsen, 2008). In Zusammenhang damit wird angenommen, dass Acts of Citizenship ihren Ausgangspunkt in Diskrepanzen zwischen den normativen Proklamationen moderner Demokratien und ihrer faktischen rechtlichen Verfasstheit haben. Insbesondere Abschiebungen, Grenzzäune oder die ungleiche Verteilung des Wohlstandes werden als Triebkräfte von Acts of Citizenship verstanden. Es geht, wie Isin (2008, S. 371) in Abwandlung von Hannah Arendts Formulierung »the right to have rights« (das Recht, Rechte zu haben), die ihm zu passiv erscheint, um »the right to claim rights«, also das Recht, Rechte zu fordern. Citizenship wird in dieser Debatte nicht als ein durch staatliche Autorität und Souveränität festgelegter formaler Status gefasst, sondern darauf verwiesen, dass Menschen dadurch zu Staatsbürger*innen werden können, indem sie als solche handeln, auch wenn sie faktisch noch nicht als Staatsbürger*innen anerkannt sind. Akteur*innen der Citizenship sind so betrachtet nicht ausschließlich jene, die den Status der Citizenship – im Sinne einer formalen Staatsbürgerschaft – innehaben. Das Politische ist, folgt man Isin (2009, S. 370), nicht begrenzt auf ein bereits konstituiertes Territorium und seine legalen »Subjekte«: es überschreitet diese.

Die Idee der Acts of Citizenship geht mit der positiven Bewertung von Praktiken einher, durch die solche Gesetze infrage gestellt oder gebrochen werden, durch die exklusive Formen der Mitgliedschaft begründet und Menschen Rechte vorenthalten werden (Isin, 2009, S. 382). Dabei wird davon ausgegangen, dass widerständige Handlungen, die ein politisches Subjekt (activist citizen) konstituieren, das sich nicht auf die Rolle des/der Wahlbürgers/ Wahlbürgerin (active citizen) beschränkt, legitim sind. Weiter wird akzentuiert, dass Migrant*innen als in diesen Protestbewegungen und Kämpfen aktiv Handelnde sichtbar und nicht nur als bloße Objekte staatlicher Migrationskontrollen und Hierarchisierungsprozesse behandelt werden. Damit wird im wissenschaftlichen Diskurs eine normativ-politische Position eingenommen, die von einer prinzipiellen Legitimität eines politischen Aktivismus von Migrant*innen ausgeht, mit dem diese versuchen, staatsbürgerliche Rechte in Anspruch zu nehmen und zuerkannt zu bekommen.

Zentral für die Argumentation ist eine Parallelisierung der historischen Konflikte marginalisierter Gruppen von Staatsbürger*innen um gleiche Rechte einerseits und der gegenwärtigen Forderungen von Migrant*innen nach politischer und rechtlicher Gleichstellung mit Staatsbürger*innen bzw. nach Anerkennung als Staatsbürger*innen andererseits. Damit wird eine normative Position bezogen, mit der die für die politische und rechtliche Ordnung nationalstaatlich verfasster Demokratien konstitutive Privilegierung von Staatsbürger*innen gegenüber Nicht-Staats-

bürger*innen infrage gestellt wird. Dagegen hat Benhabib
(2008) zwar ebenfalls argumentiert, dass Begrenzungen
des Zugangs zu Staatsbürgerschaft rechtfertigungsbedürftig
und Gegenstand diskursiver Aushandlungsprozesse sind,
ohne dabei aber grundsätzlich das Recht demokratischer
Gesellschaften infrage zu stellen, Einbürgerung an be-
gründbare Bedingungen zu binden: »Ich befürworte nicht
offene, sondern bedingt durchlässige Grenzen. Flüchtlinge
und Asylsuchende haben meines Erachtens das Recht, in
ein Land einzureisen, doch hat das betreffende Land sei-
nerseits das Recht zu bestimmen, auf welche Weise sie ein-
gebürgert werden können« (Benhabib, 2008, S. 213).

5.4 Solidarität und Aktivismus:
Urban Citizenship und Sanctuary Cities

Auch in zivilgesellschaftlichen Kontexten ist die Idee einflussreich, dass Menschen ohne formale Staatsangehörigkeit
das Recht haben sollen, Rechte einzufordern, insbesondere
in den Konzepten Urban Citizenship und Sanctuary Cities,
wenn auch nur selten mit Bezugnahmen zur akademischen
Debatte (Wenke u. Kron, 2019). Grundlegend ist in den einschlägigen Diskursen die Annahme, dass in Städten und Gemeinden Einwohner*innen mit unterschiedlichem rechtli-
chem Status zusammenleben, was auch undokumentierte
und illegalisierte Migrant*innen einschließt. Dies wird mit
der normativen Forderung verbunden, allen unabhängig
von ihrem Aufenthaltsstatus grundlegende Rechte zu gewährleisten, die faktisch in einer Stadt oder Gemeinde zusammenleben. Ausgangspunkt der Forderung nach solchen
Sanctuary Cities (»Zuflucht-Städte«) waren lokale Solidarisierungen von Einwohner*innen mit Geflüchteten in den
USA und mit Mitbürger*innen ohne legalen Aufenthaltstitel in den USA und Kanada (Scherr u. Hofmann, 2018).
Grundlage dafür waren jedoch nicht nur normative Ideale

der Gleichberechtigung, sondern auch ordnungs- und sicherheitspolitische Interessen: Dass die Forderung nach Sanctuary Cities u. a. von den Polizeipräsidenten US-amerikanischer Großstädte unterstützt wird, ist eine Folge der Einschätzung, für eine effektive Kriminalitätsbekämpfung darauf angewiesen zu sein, dass auch Einwohner*innen ohne legalen Aufenthaltsstatus in der Lage sind, selbst erlittene Straftaten anzuzeigen oder sich als Zeug*innen zur Verfügung zu stellen, ohne Abschiebungen befürchten zu müssen (Scherr u. Hofmann, 2018). Henrik Lebuhn (2016) hat dieses Zusammenwirken von normativen Forderungen und kommunalpolitischen Überlegungen am Beispiel der »free identification card for all New York City residents« (IDNYC) in New York aufgezeigt. Die IDNYC ist ein kommunales Ausweisdokument, für das Personen, die es erhalten wollen, lediglich einen Wohnsitz in der Stadt New York nachweisen müssen. Ist dieser Nachweis möglich (und dies ist unabhängig vom aufenthaltsrechtlichen Status), gilt man als Stadtbürger*in von New York. Während der Amtszeit des demokratischen Bürgermeisters Bill de Blasio wurde 2014 die IDNYC eingeführt, die es auch Migrant*innen ohne Aufenthaltspapiere ermöglicht, zumindest einige soziale Dienstleistungen in Anspruch zu nehmen, ohne dass sie ihren Aufenthaltsstatus nachweisen müssen[19]. Initiiert wurde dieser Ausweis von verschiedenen sozialen Initiativen in Kooperation mit der städtischen Regierung. Um einen stigmatisierenden Effekt zu vermeiden, wurde dazu aufgefordert, dass die Karte auch von US-amerikanischen Staatsbürger*innen beantragt wird, für die sie eigentlich überflüssig ist.

---

19 Die Homepage der Stadt New York gibt genauere Auskunft darüber, welche Dienste mit dem Stadtausweis in Anspruch genommen werden können und wie man sich für ihn bewerben kann; siehe https://www1.nyc.gov/site/idnyc/index.page (Zugriff am 01.06.2019).

Die Idee eines Stadtausweises wird inzwischen, inspiriert durch das US-amerikanische Vorbild, auch im europäischen Kontext aufgegriffen, so z. B. im Fall der »Züri City Card«, die 2018 durch den Züricher Gemeinderat beschlossen und bis 2022 umgesetzt werden soll (Morawek, 2019, S. 44). Diese soll den ca. 14.000 Menschen, die ohne einen legalen Aufenthaltsstatus in der Stadt leben, ermöglichen, mehr Aufenthaltssicherheit und einen verbesserten Zugang zu sozialen Dienstleistungen zu erhalten. Morawek (2019) zeichnet in ihrer Analyse die Ambivalenzen nach, die durch die unterschiedlichen Akteur*innen und ihre divergierenden Zielsetzungen im kommunalen Aushandlungsprozess entstanden sind. So rückten in Zürich durch die Bedeutungszunahme institutioneller politischer Akteur*innen technische und juristische Diskussionen im Laufe der Zeit mit Blick auf die Umsetzung des städtischen Ausweises in den Vordergrund, während die Anliegen der bewegungspolitischen Akteur*innen an Gewicht verloren.

Einige Sanctuary Cities in den USA und Kanada propagieren auch das »Don't ask, don't tell«-Prinzip: Damit sollen städtische Angestellte dazu verpflichtet werden, keine Auskünfte über den aufenthaltsrechtlichen Status zu erfragen, um dadurch nicht in den Handlungszwang zu geraten, den zuständigen nationalstaatlichen Behörden Meldungen über illegalisierte Personen liefern zu müssen. Je nach Stadt erhalten Geflüchtete und Illegalisierte auch Unterstützung beim Zugang zu Bildung, Kultur und Arbeit. Vicky Squire und Jonathan Darling (2016) haben die Sanctuary City Sheffield in Großbritannien untersucht, die sich als Teil einer sozialen Grassroots-Bewegung begreift und sich in den letzten Jahren zu einem Knotenpunkt eines Netzwerkes von 18 Städten entwickelt hat (Squire u. Darling, 2013, S. 60). Ziel des Netzwerkes ist es, die Beziehungen zwischen der lokalen Bevölkerung und Menschen, die Zuflucht suchen, zu stützen und zu stärken. Dies gelingt im Rahmen kultureller Aktivitäten (z. B. urban gardening) oder der Unterstützung freiwilliger Arbeit. Squire und Darling argumentieren, dass solche Netzwerke die nationalen Asylpolitiken durch die Ausübung des Rechts auf gleichberechtigte Teilnahme am gemeinsamen Leben in der Stadt herausfordern (Squire u. Darling, 2013, S. 62).

Einen Überblick über Adaptionen dieses Konzeptes in unterschiedlichen nationalgesellschaftlichen Kontexten haben Bauder und Gonzalez (2018) vorgelegt. Sie akzentuieren, dass ein zentrales Element die konflikthafte Kooperation zwischen zivilgesellschaftlichen und kommunalpolitischen Akteur*innen sei sowie dass »nicht nur politische Entscheidungsträger*innen, sondern auch zivilgesellschaftliche Institutionen und Aktivist*innen in sehr unterschiedlichen Rahmenbedingungen in verschiedenen Ländern agieren« (Bauder u. Gonzalez, 2018, S. 130).

Versuche der Adaption dieses Konzeptes in Deutschland sind darauf verwiesen, erhebliche Unterschiede in der Rechtsstellung von Kommunen zu berücksichtigen, denen nicht zuletzt im Hinblick auf polizeiliche Aufgaben eine geringere Autonomie gegenüber dem Nationalstaat zukommt, als dies in den USA und Kanada der Fall ist. Zudem ist die Rechtsstellung abgelehnter Flüchtlinge in Deutschland vergleichsweise besser, da diese bei der Ablehnung eines Asylantrags und verweigerter Ausreise nicht unmittelbar zu Illegalisierten werden, sondern eine Duldung ihnen Zugang zu elementaren Rechten ermöglicht (etwa: Teilnahme am legalen Arbeitsmarkt[20], Schulbesuch der Kinder, Zugang zum Gesundheitssystem).

---

20 Allerdings ist dafür die Erteilung einer Arbeitserlaubnis durch die Ausländerbehörden erforderlich; zudem unterliegen Asylbewerber*innen aus den sogenannten sicheren Herkunftsstaaten, die nach dem 31.08.2015 eingereist sind, inzwischen einem generellen Arbeitsverbot.

Grundsätzlich ist anzumerken, dass die Reichweite von Sanctuary Cities und Urban Citizenship begrenzt ist: Die fundamentale Ungleichheit zwischen »Citizens« und »Non-Citizens« bleibt zweifellos auch dann bestehen, wenn diese kommunalpolitisch abgemildert wird – der Zugang zu Leistungen bleibt begrenzt und umfasst bei Weitem nicht alle an die Staatsbürgerschaft geknüpften Privilegien. Scherr und Hofmann (2018, S. 878) geben mit Blick auf die Praxis der Sanctuary Cities darüber hinaus zu bedenken, dass diese zwar einerseits die gravierenden Folgen der Illegalisierung von Migrant*innen auf kommunaler Ebene lindern kann, dadurch jedoch andererseits die Gefahr besteht, Illegalität als Normalität zunehmend zu akzeptieren und Menschen einzig auf einem niedrigschwelligen Niveau, gestützt durch ehrenamtliche Aktive, zu versorgen.

Auf eine vergleichbare Problematik ist auch in Bezug auf ehrenamtliches Engagement in der Flüchtlingshilfe hingewiesen worden. Van Dyk und Misbach (2016) argumentieren, dass die politische und sozio-ökonomische Funktion von Freiwilligenarbeit in den Debatten, die sich vorrangig durch eine positive Bezugnahme auf das Engagement auszeichnen, weitgehend ausgeblendet wird. Ihre Analyse der politischen Ökonomie des Helfens betrachtet das bürgerschaftliche Engagement für Geflüchtete vor dem Hintergrund der jüngeren Diskussion der Wohlfahrtsstaatsforschung und des Paradigmenwechsels vom fürsorgenden zum aktivierenden Wohlfahrtsstaat. Ihre zentrale These lautet, dass eine sozial- und wohlfahrtspolitische Kontextualisierung des freiwilligen Engagements deshalb dringend geboten sei, weil in unterschiedlichen Bereichen – so etwa bei der Versorgung von Sozialleistungsempfänger*innen mit kostenlosen Nahrungsmitteln durch die sogenannten Tafeln (s. Lorenz, 2012) – die freiwillige ehrenamtliche Hilfe zu einem zunehmend bedeutsamen

Bestandteil der Sozialpolitik werde und bislang staatlich erbrachte Leistungen ersetzt würden.[21]

In den skizzierten Problematiken wird eine grundlegende Ambivalenz zivilgesellschaftlichen Engagements bei der Unterstützung von anerkannten Flüchtlingen, Geduldeten und Illegalisierten deutlich: Zum einen sind zivilgesellschaftliche Hilfen und Aktionsformen ein wichtiger Bestandteil demokratischer Gesellschaften; sie haben eine erhebliche Bedeutung für die Gewährleistung sozialer Hilfen, und sie gehen auch mit politischem Aktivismus für die Rechte von Migrant*innen einher. Zum anderen sind sie jedoch mit dem Dilemma konfrontiert, dass sie als Lückenbüßer für unzureichende sozialstaatliche Leistungen fungieren und instrumentalisiert werden können. Dies kann zweifelsohne dazu beitragen, dass Akzeptanz für die Fortschreibung staatlicher Leistungsdefizite und Benachteiligungen entsteht. Steinhilper und Fleischmann (2016, S. 64 ff.) weisen weiter auf die Gefahr hin, dass ein »humanitär-karitatives Dispositiv« mit einer »Entpolitisierung« und damit einer zivilgesellschaftlichen Akzeptanz fragwürdiger politischer Entscheidungen einhergehen könne.

Am Fall von zivilgesellschaftlichen Initiativen, die Maßnahmen der Seenotrettung im Mittelmeer organisieren (s. dazu auch Ewert, 2017), hat Paolo Cuttitta aufgezeigt, dass unterschiedliche Verschränkungen von humanitärem und politischem Engagement festzustellen sind: »Die verschiedenen Nuancen der politischen Positionierung […]

---

21 Dadurch wird eine der wesentlichen Errungenschaften des Wohlfahrtsstaates infrage gestellt: die rechtliche Gewährleistung sozialer Leistungsansprüche und damit ihre Abkopplung von persönlichen Abhängigkeiten; denn verrechtlichte und institutionalisierte Formen der Solidarität werden im Zuge der Bedeutungszunahme des ehrenamtlichen Engagements wieder durch ein Helfen ergänzt, das von der Hilfsbereitschaft von ehrenamtlich Engagierten abhängig ist (van Dyk u. Misbach, 2016, S. 213).

reichen von Schweigsamkeit bis zu offener Kritik gegenüber der aktuellen Migrationspolitik und spiegeln die
Unterschiede zwischen verschiedenen Auslegungen der
humanitären Arbeit wider« (Cuttitta, 2017, S. 123).

5.5 Eine abschließende Bemerkung

Kennzeichnend für das Konfliktfeld Flüchtlingspolitik ist
eine komplexe Verschränkung von moralisch begründeten Forderungen mit politischen Konzepten, denen Annahmen über nationalgesellschaftlich konzipierte Interessen zugrunde liegen. Sowohl im nationalgesellschaftlichen
Kontext Deutschlands wie in den internationalen Konflikten zeichnet sich bislang keine Entwicklung ab, die politisch
tragfähige und moralisch akzeptable Kompromissbildungen
ermöglicht. Mit einiger Wahrscheinlichkeit ist vielmehr davon auszugehen, dass eine forcierte Politik der Migrationskontrolle dazu führen wird, dass die Zahl der Zwangsmigrant*innen, die nach Europa gelangen, gering bleiben wird
und die Migrations- und Fluchtdynamiken sich deshalb
auch weiterhin überwiegend im globalen Süden vollziehen
werden. Es ist auch nicht auszuschließen, dass in Deutschland und anderen europäischen Ländern der Einfluss eines
Abwehrnationalismus zunehmen wird, für dessen politische
Agenda die weitere Einschränkung der Rechte von Zwangsmigrant*innen ebenso von zentraler Bedeutung ist wie der
Versuch, ethnische Konzepte nationaler Identität zu stärken.
Bei aller Unsicherheit solcher Zukunftsprognosen kann aber
mit einiger Gewissheit davon ausgegangen werden, dass das
Konfliktfeld, das aus dem Spannungsverhältnis zwischen
einem menschenrechtlich begründeten Universalismus und
Versuchen resultiert, eine an national definierten Interessen
ausgerichtete Politik der Migrationskontrolle durchzusetzen,
auf absehbare Zeit von erheblicher Bedeutung für die gesellschaftliche Entwicklung sein wird.

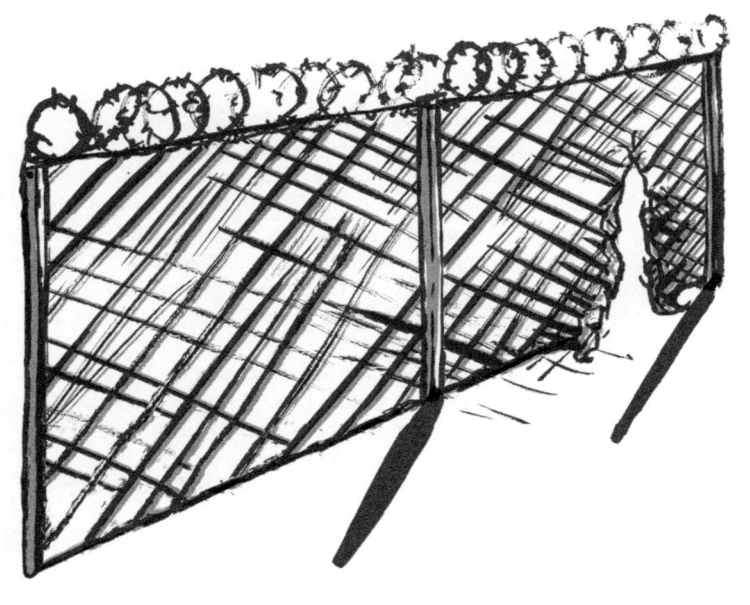

Literatur

AEMR – Allgemeine Erklärung der Menschenrechte (1948). https://www.ohchr.org/EN/UDHR/Pages/Language.aspx?LangID=ger (Zugriff am 07.06.2019).

Ahrens, P-A. (2017). Skepsis oder Zuversicht? Wie blickt Deutschland auf Flüchtlinge? https://www.siekd.de/wp-content/uploads/2018/06/Skepsis_und_Zuversicht.pdf (Zugriff am 25.06.2019).

Aigner, P. (2017). Migrationssoziologie. Eine Einführung. Wiesbaden: Springer VS.

Appiah-Nyamekye Sanny, J., Logan, C., Gyimah-Boadi, E. (2019). In search of opportunity: Young and educated Africans most likely to consider moving abroad. Afrobarometer Dispatch No. 288. http://afrobarometer.org/sites/default/files/publications/Dispatches/ab_r7_dispatchno288_looking_for_opportunity_africans_views_on_emigration1.pdf (Zugriff am 02.06.2019).

Arslan, E., Bozay, K. (Hrsg.) (2019). Symbolische Ordnung und Flüchtlingsbewegungen in der Einwanderungsgesellschaft. Wiesbaden: Springer VS.

Baar, W. (2018). Demography, Migration, and the European Welfare State. In H. Kury, S. Redo (Eds.), Refugees and Migrants in Law and Policy. Challenges and Opportunities for Global Civic Education (pp. 3–36). Wiesbaden: Springer.

Bacci, M. L. (2015). Kurze Geschichte der Migration. Berlin: Wagenbach.

Bade, K. J., Oltmer, J. (2004). Normalfall Migration: Texte zur Einwandererbevölkerung und neue Zuwanderung im vereinigten Deutschland seit 1990. Bonn: Bundeszentrale für politische Bildung.

Balibar, E. (2005). Sind wir Bürger Europas? Politische Integration, soziale Ausgrenzung und die Zukunft des Nationalen. Bonn: Bundeszentrale für politische Bildung.

Bauder, H., Gonzalez, D. A. (2018). Municipal Responses to ›Illegality‹: Urban Sanctuary across National Contexts. Social Inclusion, 6 (1), 124–134.

Bauman, Z. (1998). Globalization: The Human Consequences. Cambridge: Polity Press.

Bauman, Z. (2005). Verworfenes Leben. Die Ausgegrenzten der Moderne. Hamburg: Hamburger Edition.

Bauman, Z. (2008). Flüchtige Zeiten. Leben in der Ungewissheit. Hamburg: Hamburger Edition.

Baumann, M., Lorenz, A., Rosenow, K. (Hrsg.) (2011). Crossing and Controlling Borders. Immigration Policies and their Impact on Migrants' Journeys. Opladen: Budrich UniPress.

Beck, U., Poferl, A. (Hrsg.) (2010). Große Armut, großer Reichtum. Zur Transnationalisierung sozialer Ungleichheit. Frankfurt a. M.: Suhrkamp.

Beckert, S. (2015). King Cotton. Eine Geschichte des globalen Kapitalismus. München: C. H. Beck.

Benhabib, S. (2008). Die Rechte der Anderen. Ausländer, Migranten, Bürger. Frankfurt a. M.: Suhrkamp.

Betts, A. (2013). Survival Migration: Failed Governance and the Crisis of Displacement. Ithaca: Cornell University Press.

BIM (Berliner Institut für empirische Integrations- und Migrationsforschung) (Hrsg.) (2016). Koordinationsmodelle und Herausforderungen ehrenamtlicher Flüchtlingshilfe in den Kommunen. Qualitative Studie des Berliner Instituts für empirische Integrations- und Migrationsforschung. Gütersloh: Bertelsmann-Stiftung.

Black, R. (2001). Fifty Years of Refugee Studies: From Theory to Policy. The International Migration Review, 35 (1), 57–78.

BMFSFJ (Bundesministerium für Familie, Jugend, Frauen und Senioren) (2018). Engagement in der Flüchtlingshilfe. Ergebnisbericht einer Untersuchung des Instituts für Demoskopie Allensbach. https://www.bmfsfj.de/blob/122010/d35ec9bf4a940-ea49283485db4625aaf/engagement-in-der-fluechlingshilfe-data.pdf (Zugriff am 25.06.2019).

BMI (Bundesministerium des Innern, für Bau und Heimat) (2019). Politisch Motivierte Kriminalität im Jahr 2018. Bundesweite Fallzahlen. https://www.bmi.bund.de/SharedDocs/downloads/DE/veroeffentlichungen/2019/pmk-2018.pdf;jsessionid=CC-81984D40551E406AEBAE42FE468687.1_cid287?__blob=publicationFile&v=3 (Zugriff am 25.06.2019).

Boatcă, M. (2016). Kapital aus Staatsbürgerschaft und die globale Strukturierung des Nationalen. In H. Bude, P. Staab (Hrsg.), Kapitalismus und Ungleichheit. Die neuen Verwerfungen (S. 137–153). Frankfurt a. M.: Campus.

Bommes, M. (1999). Migration und nationaler Wohlfahrtsstaat. Ein differenzierungstheoretischer Entwurf. Opladen: Westdeutscher Verlag.

Bommes, M. (2011). Migration und Migrationsforschung in der modernen Gesellschaft. Eine Aufsatzsammlung. IMIS-Beiträge, 38/2011. Osnabrück: Institut für Migrationsforschung und Interkulturelle Studien.

Brabandt, H. (2011). Internationale Normen und das Rechtssystem. Der Umgang mit geschlechtsspezifisch Verfolgten in Großbritannien und Deutschland. Baden-Baden: Nomos.

Buckel, S. (2013). »Welcome to Europe« – Die Grenzen des europäischen Migrationsrechts. Juridische Auseinandersetzungen um das »Staatsprojekt Europa«. Bielefeld: transcript.

Burmann, M., Valeyatheepillay, M. (2017). Asylum Recognition Rates in the Top 5 EU Countries. ifo DICE Report, 15, 48–50.

Çalışkan, S. (2018). Warum Frauen fliehen: Fluchtursachen, Fluchtbedingungen und politische Perspektiven. In Heinrich-Böll-Stiftung (Hrsg.), Frauen und Flucht: Vulnerabilität – Empowerment – Teilhabe. Ein Dossier (S. 10–19). https://www.boell.de/sites/default/files/frauen_und_flucht.pdf (Zugriff am 02.06.2019).

Castles, S. (2003). Towards a Sociology of Forced Migration and Social Transformation. Sociology, 37 (1), 13–34.

Castles, S. (2010). Studying Social Transformation and International Migration. http://www.uni-bielefeld.de/soz/ab6/ag_faist/downloads/workingpaper_83_Castles.pdf (Zugriff am 02.06.2019).

Castles, S., Miller, M. J. (2009). The Age of Migration: International Population Movements in the Modern World (4th ed.). Basingstoke: Palgrave MacMillan.

Cuttitta, P. (2017). Zwischen De- und Repolitisierung. Nichtstaatliche Search and Rescue-Akteure an der EU-Mittelmeergrenze. In S. Hess, B. Kasparek, S. Kron, M. Rodatz, M. Schwertl, S. Sontowski (Hrsg.), Der lange Sommer der Migration. Grenzregime III (S. 115–125). Berlin/Hamburg: Assoziation A.

Cyrus, N. (2011). Die Eigendynamik der Migrationsprozesse lässt sich nicht steuern – Warum Migrationsmanagement nicht funktionieren kann. https://heimatkunde.boell.de/2011/05/18/die-eigendynamik-der-migrationsprozesse-laesst-sich-nicht-steuern-warum (Zugriff am 02.06.2019).

Deaton, A. (2013). The Great Escape. Health, Wealth, and the Origins of Inequality. Princeton/Oxford: Princeton University Press.

De Genova, N., Peutz, N. (Eds.) (2010). The Deportation Regime: Sovereignty, Space, and the Freedom of Movement. Durham/London: Duke University Press.

de Jong, S., Messinger, I., Schütze, T., Valchars, G. (2017). Migrationsmanagement. Praktiken, Intentionen, Interventionen. Journal für Entwicklungspolitik, XXXIII (1), 4–21.

Eisnecker, P., Schupp, J. (2016). Flüchtlingszuwanderung: Mehrheit der Deutschen befürchtet negative Auswirkungen auf Wirtschaft und Gesellschaft. DIW Wochenbericht, 8/2016, 158–164.

Ellermann, A. (2009). States Against Migrants. Deportation in Germany and the United States. Cambridge: Cambridge University Press.

Endres de Oliveira, P. (2016). Legaler Zugang zu internationalem Schutz – Zur Gretchenfrage im Flüchtlingsrecht. Kritische Justiz, 49 (2), 167–179.

Esping-Andersen, G. (1998). Die drei Welten des Wohlfahrtskapitalismus. Zur Politischen Ökonomie des Wohlfahrtsstaates. In S. Lessenich, I. Ostner (Hrsg.), Welten des Wohlfahrtskapitalismus. Der Sozialstaat in vergleichender Perspektive (S. 31–54). Frankfurt a. M.: Campus.

Ewert, L. (2017). »Suchen. Retten. Legalisieren.« Chancen und Grenzen zivilgesellschaftlicher Seenotrettung am Beispiel der Organisation Sea Watch. In S. Hess, B. Kasparek, S. Kron, M. Rodatz, M. Schwertl, S. Sontowski (Hrsg.), Der lange Sommer der Migration. Grenzregime III (S. 126–136). Berlin/Hamburg: Assoziation A.

Faist, T., Schmidt, K., Ulbricht, C. (2016). Inclusion, Exclusion, and Citizenship: European Practises. In M. Ambrosini (Ed.), Europe: No Migrant's Land? (pp. 89–107). Mailand: ISPI.

Fassbender, B. (2009). Menschenrechteerklärung. Universal Declaration of Human Rights – Allgemeine Erklärung der Menschenrechte. Neuübersetzung, Synopse, Erläuterung, Materialien. München: Sellier European Law Publishers.

Fiddian-Qamiyeh, E., Loescher, G., Long, K., Sigona, N. (Eds.) (2014). The Oxford Handbook of Refugee & Forced Migration Studies. Oxford: Oxford University Press.

Fischer-Lescano, A., Möller, K. (2012). Der Kampf um globale soziale Rechte. Zart wäre das Gröbste. Berlin: Wagenbach.

Forschungsgruppe Wahlen (2016). Flüchtlinge: Mehrheit zweifelt an Integration in den Arbeitsmarkt.https://www.forschungsgruppe.de/Umfragen/Politbarometer/Archiv/Politbarometer_2016/April_I_2016/(Zugriff am 02.06.2019).

Freedom House (2018). About Freedom in the World. An annual study of political rights and civil liberties. https://freedomhouse.org/report-types/freedom-world (Zugriff am 02.06.2019).

Fulcher, J. (2007). Kapitalismus. Stuttgart: Reclam.

Gatrell, P. (2013). The Making of the Modern Refugee. Oxford: Oxford University Press.

Gatrell, P. (2016). 65 Jahre Genfer Flüchtlingskonvention. Aus Politik und Zeitgeschichte, 66 (26/27), 25–32.

Gatti, F. (2010). Bilal. Als Illegaler auf dem Weg nach Europa. München: Kunstmann.

Gesemann, F., Roth, R. (2016). Bürgerschaftliches Engagement in der kommunalen Flüchtlings- und Integrationspolitik. Ergebnisse einer Umfrage bei Städten, Landkreisen und Gemeinden. Newsletter für Engagement und Partizipation in Deutschland, 12/2016. https://www.b-b-e.de/fileadmin/inhalte/aktuelles/2016/06/newsletter-12-gesemann-roth.pdf (Zugriff am 02.06.2019).

Ghaderi, C., Eppenstein, T. (Hrsg.) (2017). Flüchtlinge. Multiperspektivische Zugänge. Wiesbaden: Springer VS.

Gibney, M. J. (2013). Is Deportation a Form of Forced Migration? Refugee Survey Quarterly, 32 (2), 116–129.

Giddens, A. (1984). The Constitution of Society. Outline of the Theory of Structuration. Cambridge: Polity Press.

Greatbatch, J. (1989). The Gender Difference: Feminist Critiques of Refugee Discourse. International Journal of Refugee Law, 1 (4), 518–527.

Gutiérrez Rodríguez, E., Boatcă, M., Costa, S. (Eds.) (2010). Decolonizing European Sociology. Transdisciplinary Approaches. Farnham/Burlington: Ashgate.

Halfmann, J. (2007). Nation als Wert. https://tu-dresden.de/gsw/slk/mez/ressourcen/dateien/dateien/Kolloquien/down/Halfmann.pdf?lang=de (Zugriff am 02.04.2019).

Halfmann, J., Bommes, M. (1998). Staatsbürgerschaft, Inklusionsvermittlung und Migration. Zum Souveränitätsverlust des Wohlfahrtsstaates. In M. Bommes, J. Halfmann (Hrsg.), Migration in nationalen Wohlfahrtsstaaten. Theoretische und vergleichende Untersuchungen (S. 81–101). Osnabrück: Universitätsverlag Rasch.

Hammerstad, A. (2014). The Securization of Forced Migration. In E. Fiddian-Qasmiyeh, G. Loescher, N. Sigona (Eds.), The Oxford Handbook of Refugee and Forced Migration Studies (pp. 265–277). Oxford: Oxford University Press.

Heintz, B. (2015). Die Weltgesellschaft und ihre Menschenrechte: Eine Herausforderung für die Soziologie. In B. Heintz, B. Leisering (Hrsg.), Menschenrechte in der Weltgesellschaft. Deutungswandel und Wirkungsweise eines globalen Leitwerts (S. 21–64). Frankfurt a. M.: Campus.

Heintz, B., Leisering, B. (Hrsg.) (2015). Menschenrechte in der Weltgesellschaft. Deutungswandel und Wirkungsweise eines globalen Leitwerts. Frankfurt a. M.: Campus.

Hess, S., Kasparek, B. (Hrsg.) (2010). Grenzregime. Diskurse, Praktiken, Institutionen in Europa. Bielefeld: transcript.

Hess, S., Kasparek, B., Kron, S., Rodatz, M., Schwertl, M., Sontowski, S. (Hrsg.) (2016). Der lange Sommer der Migration. Grenzregime III. Berlin/Hamburg: Assoziation A.

Hirsch, J. (1995). Der nationale Wettbewerbsstaat. Staat, Demokratie und Politik im globalen Kapitalismus. Berlin/Amsterdam: Edition ID-Archiv.

Hoffmann, H. (2018). Bericht über europäische Entwicklungen im Flüchtlingsrecht August – Dezember 2018. https://www.nds-fluerat.org/wp-content/uploads/2019/01/1_Europ%C3 %A4ische-Entwicklungen-16.01.19.pdf (Zugriff am 02.06.2019).

Hollifield, J. F. (2003). Offene Weltwirtschaft und nationales Bürgerrecht: das liberale Paradox. In D. Thränhardt, U. Hunger (Hrsg.), Migration im Spannungsfeld von Globalisierung und Nationalstaat (S. 35–57). Opladen: Westdeutscher Verlag.

Indra, D. M. (1987). Gender: A Key Dimension of the Refugee Experience. Refuge, 6 (3), 3-4.

Informationsverbund Asyl & Migration (2019). Sozialrecht für Flüchtlinge, Asylsuchende und Migranten. https://www.asyl.net/recht/rechtsprechungskategorien/sozialrecht-fuer-fluechtlinge-asylsuchende-und-migranten/(Zugriff am 31.05.2019).

Inhetveen, K. (2007). Der Nationalstaat und das internationale Flüchtlingsregime: Perspektiven der Herrschaft im Flüchtlingslager. In I. Bemerburg (Hrsg.), Die Globalisierung und ihre Kritik(er). Zum Stand der aktuellen Globalisierungsdebatte (S. 57–74). Wiesbaden: VS Verlag für Sozialwissenschaften.

Inhetveen, K. (2010a). Der Flüchtling. In S. Moebius, M. Schroer (Hrsg.), Diven, Hacker, Spekulanten. Sozialfiguren der Gegenwart (S. 148–160). Berlin: Suhrkamp.

Inhetveen, K. (2010b). Die politische Ordnung des Flüchtlingslagers. Akteure – Macht – Organisation. Eine Ethnographie im südlichen Afrika. Bielefeld: transcript.

Initiative Markt- und Sozialforschung (2016). Haltung der Deutschen zur Asyl- und Flüchtlingspolitik nach wie vor ablehnend. https://www.deutsche-marktforscher.de/index.php/presse/presse-2/109-haltung-der-deutschen-zur-asyl-fluechtlingspolitik-ablehnend (Zugriff am 02.06.2019).

IOM (2011). Glossary on Migration (2nd ed.). Genf: IOM.

IOM (2019). Migration Data Portal. The bigger picture. https://migrationdataportal.org/data?i=stock_abs_&t=2017 (Zugriff am 31.05.2019).

Isin, E. F. (2008). Theorizing Acts of Citizenship. In E. F. Isin, G. M. Nielsen (Eds.), Acts of Citizenship (pp. 15–43). London: Zed Books.

Isin, E. F. (2009). Citizenship in flux: The figure of the activist citizen. Subjectivity, 29 (1), 367–388.

Isin, E. F., Nielsen, G. M. (Eds.) (2008). Acts of Citizenship. London: Zed Books.

Isin, E. F., Turner, B. S. (2002). Citizenship Studies: An Introduction. In E. F. Isin, B. S. Turner (Eds.), Handbook of Citizenship Studies (pp. 1–10). London: Sage.

Japp, K. (2015). Zur Funktion der Menschenrechte in der Weltgesellschaft. In B. Heintz, B. Leisering (Hrsg.), Menschenrechte in der Weltgesellschaft. Deutungswandel und Wirkungsweise eines globalen Leitwerts (S. 65–97). Frankfurt a. M.: Campus.

Joas, H., Knöbl, W. (2013). Sozialtheorie. Zwanzig einführende Vorlesungen (3., aktual. Aufl.). Frankfurt a. M.: Suhrkamp.

Jubany, O. (2011). Constructing truths in a culture of disbelief: Understanding asylum screening from within. International Sociology, 26 (1), 74–94.

Kersting, D., Leuoth, M. (Hrsg.) (2019). Der Begriff des Flüchtlings. Rechtliche, moralische und politische Kontroversen. Stuttgart: J. B. Metzler.

Kieffer, F. (2006). Die Flüchtlingskonferenz von Evian 1938. In W. Benz (Hrsg.), Umgang mit Flüchtlingen. Ein humanitäres Problem (S. 27–54). München: dtv.

Kivisto, P., Faist, T. (2007). Citizenship: Discourse, Theory and Transnational Prospects. Malden, Mass.: Blackwell.

Kleist, O. J. (2015). Über Flucht forschen. Herausforderungen der Flüchtlingsforschung. Peripherie, 35 (2), 150–169.

Kleist, O. J. (2018). Ein Forschungsfeld im Umbruch: Flucht- und Flüchtlingsforschung in Deutschland von 2011 bis 2016. https://fluechtlingsforschung.net/ein-forschungsfeld-im-umbruch-flucht-und-fluchtlingsforschung-deutschland-von-2011-bis-2016/(Zugriff am 02.06.2019).

Kleist, O. J., Karakayali, S. (2016). EFA-Studie 2. Strukturen und Motive der ehrenamtlichen Flüchtlingsarbeit (EFA) in Deutschland. 2. Forschungsbericht. Ergebnisse einer explorativen Umfrage vom November/Dezember 2015. https://www.bim.hu-berlin.de/media/Studie_EFA2_BIM_11082016_V%C3%96.pdf (Zugriff am 02.06.2019).

Koenig, M. (2005a). Menschenrechte. Frankfurt a. M.: Campus.

Koenig, M. (2005b). Weltgesellschaft, Menschenrechte und der Formwandel des Nationalstaats. In B. Heintz, R. Münch, H. Tyrell (Hrsg.), Weltgesellschaft. Theoretische Zugänge und empirische Problemlagen (S. 374–393). Stuttgart: Lucius & Lucius.

Kofman, E. (2008). Stratifikation und aktuelle Migrationsbewegungen. Überlegungen zu Geschlechterverhältnis und Klassenzughörigkeit. In P. A. Berger, A. Weiß (Hrsg.), Transnationalisierung sozialer Ungleichheit (S. 107–133). Wiesbaden: VS Verlag für Sozialwissenschaften.

Krämer, A., Scherschel, K. (2018). Frauen auf der Flucht. http://www.bpb.de/gesellschaft/migration/kurzdossiers/282185/frauen-auf-der-flucht (Zugriff am 02.06.2019).

Lahusen, C., Schneider, S. (Hrsg.) (2017). Asyl verwalten. Zur bürokratischen Bearbeitung eines gesellschaftlichen Problems. Bielefeld: transcript.

Lebuhn, H. (2016). »Ich bin New York«. Bilanz des kommunalen Personalausweises in New York City. Luxemburg, 7 (3), 114–119.

Lee, E. (1966). A Theory of Migration. Demography, 3 (1), 47–57.

Lorenz, S. (2012). Tafeln im flexiblen Überfluss. Ambivalenzen sozialen und ökologischen Engagements. Bielefeld: transcript.

LpB (Landeszentrale für politische Bildung) Baden-Württemberg (2018). Menschenrechte in Deutschland. https://www.lpb-bw.de/menschenrechte_in_deutschland.html (Zugriff am 01.06.2019).

Luhmann, N. (1993). Gibt es in unserer Gesellschaft noch unverzichtbare Normen? Heidelberger Universitätsreden, Bd. 4. Heidelberg: C.F. Müller.

Mabogunje, A. L. (1970). Systems Approach to a Theory of Rural-Urban Migration. Geographical Analysis, 2 (1), 1–18.

Maisch, A. (2015). So unterschiedlich bewerten die Länder Asylanträge. https://www.welt.de/politik/deutschland/article136479315/So-unterschiedlich-bewerten-die-Laender-Asylantraege.html (Zugriff am 31.05.2019).

Maisch, A. (2016). Wenn Asyl Glückssache ist. https://www.zeit.de/politik/ausland/2016–04/fluechtlinge-anerkennung-unterschiede-europa (Zugriff am 31.05.2019).

Malkki, L. H. (1995). Refugees and Exile: From »Refugee Studies« to the National Order of Things. Annual Review of Anthropology, 24, 495–523.

Marchart, O. (2013). Das unmögliche Objekt. Eine postfundamentalistische Theorie der Gesellschaft. Frankfurt a. M.: Suhrkamp.

Marfleet, P. (2006). Refugees in a Global Era. Basingstoke: Palgrave Macmillan.

Markard, N. (2007). Fortschritte im Flüchtlingsrecht? Gender Guidelines und geschlechtsspezifische Verfolgung. Kritische Justiz, 27 (4), 373–390.

Marshall, T. H. (1950). Citizenship and Social Class and Other Essays. Cambridge: Cambridge University Press.

Marx, K. (1890/1970). Das Kapital. Erster Band. Berlin: Dietz.

Mau, S., Brabandt, H. (2011). Visumpolitik und die Regulierung globaler Mobilität. Ein Vergleich dreier OECD-Länder. Zeitschrift für Soziologie, 40 (1), 3–23.

Melber, H. (2015). Namibia. Gesellschaftspolitische Erkundungen seit der Unabhängigkeit. Frankfurt a. M.: Brandes & Apsel.

Menzel, U. (1992). Das Ende der Dritten Welt und das Scheitern der großen Theorie. Frankfurt a. M.: Suhrkamp.

Menzel, U. (2015). Entwicklungstheorie. In R. Stockmann, U. Menzel, F. Nuscheler, Entwicklungspolitik. Theorien – Probleme – Strategien (S. 13–192). Berlin/Boston: De Gruyter Oldenbourg.

Morawek, K. (2019): Städtische Bürgerschaft und der kommunale Personalausweis. In Zürich setzen sich zivilgesellschaftliche Akteure für »Urban Citizenship« ein. In C. Wenke, S. Kron (Hrsg.), Solidarische Städte in Europa. Urbane Politik zwischen Charity und Citizenship (S. 37–54). https://www.rosalux.de/fileadmin/rls_uploads/pdfs/sonst_publikationen/Broschur_SolidarischeStaedte.pdf (Zugriff am 02.06.2019).

Morris, L. (2002). Managing Migration. Civic stratification and migrants' rights. London: Routledge.

Müller, M., Zifonun, D. (Hrsg.) (2010). Ethnowissen. Soziologische Beiträge zu ethnischer Differenzierung und Migration. Wiesbaden: VS Verlag für Sozialwissenschaften.

Noiriel, G. (2016). Die Tyrannei des Nationalen. Sozialgeschichte des Asylrechts in Europa. Springe: Zu Klampen.

Nyers, P. (2010). No One is Illegal Between City and Nation. Studies in Social Justice, 4 (2), 127–143.

OAU (1969). Convention Governing the Specific Aspects of Refugee Problems in Africa. http://www.achpr.org/files/instruments/refugee-convention/achpr_instr_conv_refug_eng.pdf (Zugriff am 02.06.2019).

Offe, C. (2011). From Migration in Geographic Space to Migration in Biographic Time: Views From Europe. The Journal of Political Philosophy, 19 (3), 333–373.

Oltmer, J. (Hrsg.) (2016a). Handbuch Staat und Migration in Deutschland seit dem 17. Jahrhundert. Berlin: De Gruyter Oldenbourg.

Oltmer, J. (2016b). Kleine Globalgeschichte der Flucht im 20. Jahrhundert. Aus Politik und Zeitgeschichte, 66 (26/27), 18–25.

Oltmer, J. (2017). Migration. Geschichte und Zukunft der Gegenwart. Darmstadt: Theiss.

Osterhammel, J. (2008). Die Verwandlung der Welt. Eine Geschichte des 19. Jahrhunderts. München: C.H. Beck.

Ott, K. (2016a). Zuwanderung und Moral. Stuttgart: Reclam.

Ott, K. (2016b). Der slippery slope im Schatten der Shoa und die Aporien der bürgerlichen Gesellschaft angesichts der Zuwanderung. In H. Hastedt (Hrsg.), Macht und Reflexion (S. 47–75). Hamburg: Felix Meiner.

OXFAM (2016). Die 6 reichsten Staaten nehmen weniger als 9 Prozent aller Flüchtlinge auf. https://www.oxfam.de/ueber-uns/aktuelles/2016–07–18–6-reichsten-staaten-nehmen-weniger-9-prozent-aller-fluechtlinge (Zugriff am 02.06.2019).

Pieper, T. (2013). Die Gegenwart der Lager. Zur Mikrophysik der Herrschaft in der deutschen Flüchtlingspolitik (2. Aufl.). Münster: Westfälisches Dampfboot.

Pogge, T. (2011). Weltarmut und Menschenrechte. Kosmopolitische Verantwortung und Reformen. Berlin/New York: de Gruyter.

Pries, L. (2013). Internationale Migration (4. Aufl.). Bielefeld: transcript.

Pries L. (2014). Transnationale Sozialräume und Migration. In Y. Niephaus, M. Kreyenfeld, R. Sackmann (Hrsg.), Handbuch Bevölkerungssoziologie (S. 445–459). Wiesbaden: Springer VS.

Pro Asyl (2019). Menschenrechte verteidigen! https://www.proasyl.de/thema/fluechtlings-und-menschenrechte-verteidigen/ (Zugriff am 01.06.2019).

Rabe, H. (2018). Geschlechtsbezogene Verfolgung – Rechtlicher Schutz. http://www.bpb.de/gesellschaft/migration/kurzdossiers/280272/geschlechtsbezogene-verfolgung-rechtlicher-schutz (Zugriff am 02.06.2019).

Reiling, K., Mitsch, L. (2017). Wissen im Asylprozess. Rechtsvergleichende Betrachtungen zum Vereinigten Königreich und zu Deutschland. Die Verwaltung, 50 (4), 537–569.

Richmond, A. H. (1988). Sociological Theories of International Migration: The Case of Refugees. Current Sociology, 36 (2), 7–25.

Rorty, R. (2003). Menschenrechte, Rationalität und Empfindsamkeit. In R. Rorty, Wahrheit und Fortschritt (S. 241–268). Frankfurt a. M.: Suhrkamp.

Rygiel, K., Ataç, I., Köster-Eiserfunke, A., Schwiertz, H. (2015). Governing through Citizenship and Citizenship from Below. An Interview with Kim Rygiel. Movements – Journal für kritische Migrations- und Grenzregimeforschung, 1 (2). https://movements-journal.org/issues/02.kaempfe/02.rygiel,ata%C3%A7,k%C3%B6ster-eiserfunke,schwiertz--governing-citizenship-from-below.html (Zugriff am 02.06.2019).

Sassen, S. (1996). Metropolen des Weltmarkts. Die neue Rolle der Global Cities. Frankfurt a. M.: Campus.

Scheffer, T. (2001). Asylgewährung: eine ethnographische Analyse des deutschen Asylverfahrens. Qualitative Soziologie, Bd. 1. Stuttgart: Lucius & Lucius.

Scherr, A. (2013). Offene Grenzen? Migrationsregime und die Schwierigkeiten einer Kritik des Nationalismus. Prokla – Zeitschrift für kritische Sozialwissenschaft, 43 (2), 335–349.

Scherr, A. (2015a). Migration, Menschenrechte und die Grenzen der Demokratie. In P. Eigenmann, T. Geisen, T. Studer (Hrsg.), Migration und Minderheiten in der Demokratie. Politische Formen und soziale Grundlagen von Partizipation (S. 45–62). Wiesbaden: Springer VS.

Scherr, A. (2015b). Wer soll deportiert werden? Wie die folgenreiche Unterscheidung zwischen den »wirklichen« Flüchtlingen, den zu Duldenden und den Abzuschiebenden hergestellt wird. Soziale Probleme, 26 (2), 151–170.

Scherr, A. (2015c). Wer ist ein Flüchtling? Impulse für sozialwissenschaftliche Diskussionen. http://fluechtlingsforschung.net/wer-ist-ein-fluchtling/(Zugriff am 02.06.2019).

Scherr, A. (2017). Die Abschwächung moralischer Empörung. Eine Analyse politischer Reaktionen auf zivilgesellschaftliche Proteste gegen Gesetzesverschärfungen und Abschiebungen. Zeitschrift für Flüchtlingsforschung, 1 (1), 88–105.

Scherr, A. (2018a). Who Can Claim Protection as a Refugee? A Sociological Critique of the Distinction Between Refugees and Migrants. In H. Kury, S. Redo (Eds.), Refugees and Migrants in Law and Policy. Challenges and Opportunities for Global Civic Education (pp. 125–136). Wiesbaden: Springer.

Scherr, A. (2018b). Ablehnung und Solidarität gegenüber Geflüchteten. In K. Möller, F. Neuscheler (Hrsg.), »Wer will die hier schon haben?« Ablehnungshaltungen und Diskriminierung in Deutschland (S. 165–183). Stuttgart: Kohlhammer.

Scherr, A. (2019). Grenzziehungen. Eine Soziologie der paradoxen Forderung nach offenen Grenzen. In D. Kersting, M. Leuoth (Hrsg.), Der Begriff des Flüchtlings. Rechtliche, moralische und politische Kontroversen. Stuttgart: J. B. Metzler.

Scherr, A., Breit, H. (2019). Diskriminierung, Anerkennung und der Sinn für die eigene soziale Position. Weinheim/München: Beltz Juventa.

Scherr, A., Hofmann, R. (2018). Sanctuary Cities – Zuflucht-Städte. In F. Gesemann, R. Roth (Hrsg.), Handbuch lokale Integrationspolitik (S. 869–882). Wiesbaden: Springer VS.

Scherr, A., Inan, C. (2017). Flüchtlinge als gesellschaftliche Kategorie und als Konfliktfeld. In C. Ghaderi, T. Eppenstein (Hrsg.), Flüchtlinge. Multiperspektivische Zugänge (S. 129–146). Wiesbaden: Springer VS.

Scherr, A., Yüksel, G. (Hrsg.) (2016). Flucht, Sozialstaat und Soziale Arbeit. Lahnstein: Verlag Neue Praxis.

Scherschel, K. (2011). Who is a refugee? Reflections on social classifications and individual consequences. Migration Letters, Special Issue: Survival Strategies of Irregular Immigrants, 8 (1), 67–76.

Scherschel, K. (2015). Menschenrechte, Citizenship und Geschlecht – Prekarität in der Asyl- und Fluchtmigration. In S. Völker, M. Amacker (Hrsg.), Prekarisierungen. Arbeit, Sorge und Politik (S. 94–110). Weinheim/Basel: Beltz Juventa.

Scherschel, K. (2016). Citizenship by work? Arbeitsmarktpolitik im Flüchtlingsschutz zwischen Öffnung und Selektion. Prokla – Zeitschrift für kritische Sozialwissenschaft, 46 (2), 245–266.

Scherschel, K. (2018). An den Grenzen der Demokratie – Citizenship und Flucht. Berliner Journal für Soziologie, 28 (1/2), 123–149.

Schiffauer, W., Eilert, A., Rudloff, M. (Hrsg.) (2017). So schaffen wir das – eine Zivilgesellschaft im Aufbruch. 90 wegweisende Projekte mit Geflüchteten. Bielefeld: transcript.

Schimank, U. (2005). Weltgesellschaften und Nationalgesellschaften. In B. Heinz, R. Münch, H. Tyrell (Hrsg.), Weltgesellschaft. Theoretische Zugänge und empirische Problemlagen. Sonderheft der Zeitschrift für Soziologie (S. 394–414). Stuttgart: Lucius & Lucius.

Schittenhelm, K. (2015). Asylsuchende im Blickfeld der Behörde. Explizites und implizites Wissen in der Herstellung von Asylbescheiden in Deutschland. Soziale Probleme, 26 (2), 137–150.

Schlenker, A., Blatter, J. (2016). Zwischen Nationalismus und Kosmopolitismus: Wie lassen sich (neue) Formen demokratischer Bürgerschaft konzeptualisieren und bewerten. In S. Rother (Hrsg.), Migration und Demokratie (S. 109–138). Wiesbaden: Springer VS.

Schmalz, D. (2017). Verantwortungsteilung im Flüchtlingsschutz: Zu den Problemen »globaler Lösungen«. Zeitschrift für Flüchtlingsforschung, 1 (1), 9–40.

Schmid Noerr, G., Meints-Stender, W. (2017). Geflüchtete Menschen. Ankommen in der Kommune. Theoretische Beiträge und Berichte aus der Praxis. Leverkusen/Berlin: Barbara Budrich.

Shacknove, A. E. (1985). Who Is a Refugee? Ethics, 95 (2), 274–284.

Soysal, Y. N. (1994). Limits of Citizenship. Migrants and Postnational Membership in Europe. Chicago/London: University of Chicago Press.

Squire, V., Darling, J. (2013). The »Minor« Politics of Rightful Presence: Justice and Relationality in City of Sanctuary. International Political Sociology, 7 (1), 59–74.

Steinhilper, E., Fleischmann, L. (2016). Die Ambivalenzen eines neuen Dispositivs der Hilfe. In A. Scherr, G. Yüksel (Hrsg.), Flucht, Sozialstaat und Soziale Arbeit (S. 60–72). Lahnstein: Verlag Neue Praxis.

Stepputat, F., Nyberg Sørensen, N. (2014). Sociology and Forced Migration. In E. Fiddian-Qasmiyeh, G. Loescher, K. Long, N. Sigona (Eds.), The Oxford Handbook of Refugee & Forced Migration Studies (pp. 86–98). Oxford: Oxford University Press.

Stichweh, R. (2000). Die Weltgesellschaft. Soziologische Analysen. Frankfurt a. M.: Suhrkamp.

Stupart, R. (2018). Is South Africa home to more than a million asylum seekers? The numbers don't add up. https://africacheck.org/reports/south-africa-home-million-refugees-numbers-dont-add/ (Zugriff am 31.05.2019).

The Berne Initiative (2005). International Agenda for Migration Management. https://publications.iom.int/system/files/pdf/iamm.pdf (Zugriff am 02.06.2019).

Tiedemann, P. (2014). Flüchtlingsrecht. Die materiellen und verfahrensrechtlichen Grundlagen. Berlin/Heidelberg: Springer.

Transit Migration Forschungsgruppe (Hrsg.) (2007). Turbulente Ränder. Neue Perspektiven auf Migration an den Grenzen Europas. Bielefeld: transcript.

Treibel, A. (2011). Migration in modernen Gesellschaften. Soziale Folgen von Einwanderung, Gastarbeit und Flucht (5. Aufl.). Weinheim/München: Beltz Juventa.

Turton, D. (2003). Conceptualising Forced Migration. RSC Working Paper No. 12. https://www.rsc.ox.ac.uk/files/files-1/wp12-conceptualising-forced-migration-2003.pdf (Zugriff am 02.06.2019).

UN (2016). Refugee Crisis about Solidarity, Not Just Numbers, Secretary-General Says at Event on Global Displacement Challenge. https://www.un.org/press/en/2016/sgsm17670.doc.htm (Zugriff am 31.05.2019).

UNHCR (1951/2015). Abkommen über die Rechtsstellung der Flüchtlinge vom 28. Juli 1951 (in Kraft getreten am 22. April 1954). Protokoll über die Rechtsstellung der Flüchtlinge vom 31. Januar 1967 (in Kraft getreten am 4. Oktober 1967). https://www.uno-fluechtlingshilfe.de/uploads/media/GFK_Pocket_2015.pdf (Zugriff am 31.05.2019).

UNHCR (2010). Improving Asylum Procedures: Comparative Analysis and Recommendations for Law and Practice. http://www.unhcr.org/4ba9d99d9.html (Zugriff am 02.06.2019).

UNHCR (2013). UNHCR Statistical Online Population Database: Sources, Methods and Data Considerations. http://www.unhcr.org/statistics/country/45c06c662/unhcr-statistical-online-population-database-sources-methods-data-considerations.html (Zugriff am 02.06.2019).

UNHCR (2018a). Flüchtlingszahlen. https://www.uno-fluechtlingshilfe.de/fluechtlinge/zahlen-fakten/(Zugriff am 31.05.2019).

UNHCR (2018b). Global Trends. Forced Displacement in 2017. https://www.unhcr.org/dach/wp-content/uploads/sites/27/2018/06/GlobalTrends2017.pdf (Zugriff am 04.06.2019).

UNHCR (2019a). Dadaab Refugee Complex. https://www.unhcr.org/ke/dadaab-refugee-complex/(Zugriff am 31.05.2019).

UNHCR (2019b). Fluchtursachen. https://www.uno-fluechtlingshilfe.de/fluechtlinge/fluchtursachen/(Zugriff am 30.05.2019).

UNHCR (2019c). Klimawandel als Fluchtgrund. https://www.uno-fluechtlingshilfe.de/fluechtlinge/fluchtursachen/fluchtursache-klimawandel/(Zugriff am 30.05.2019).

van Dyk, S., Misbach, E. (2016). Zur politischen Ökonomie des Helfens. Flüchtlingspolitik und Engagement im flexiblen Kapitalismus. Prokla – Zeitschrift für kritische Sozialwissenschaft, 46 (2), 205–227.

Van Hear, N. (1998). New Diasporas: The Mass Exodus, Dispersal and Regrouping of Migrant Communities. London: Routledge.

Verbundprojekt »Flucht: Forschung und Transfer. Flüchtlingsforschung in der Bundesrepublik Deutschland« (2019). Forschungslandkarte. https://flucht-forschung-transfer.de/map/#6/51.200/9.000 (Zugriff am 02.06.2019).

Vollmer, B. A. (2019). The paradox of border security – an example from the UK. Political Geography, 71, 1–9.

Wimmer, A., Glick Schiller, N. (2003). Methodological Nationalism, the Social Sciences, and the Study of Migration: An Essay in Historical Epistemology. The International Migration Review, 37 (3), 576–610.

Zetter, R. (2014). Schutz für Vertriebene. Konzepte, Herausforderungen und neue Wege. Bern: Eidgenössische Kommission für Migrationsfragen.

Znaniecki, F., Thomas, W. I. (1928/1984). The Polish Peasant in Europe and America. Monograph of an Immigrant Group. Urbana: University of Illinois Press.

Zick, A., Preuß, M. (2016). Kurzbericht zum Projekt Zugleich – Zugehörigkeit und Gleichwertigkeit. https://www.stiftung-mercator.de/media/downloads/3_Publikationen/ZuGleich_Studie_neu_Juli_2016.pdf (Zugriff am 02.06.2019).

6